富小孩的經濟先修課

金聖火◎著

序言——未來的財富決定於小學養成的經濟思維

我是一位擁有十年教學經驗的現任國小老師。從小就聽說「國小老師」這職業很好，所以以為只要當了老師就會很幸福，然而，在我經歷過工作、結婚、生產、育兒等人生課題後，真真切切體會到一件事，那就是在從事經濟活動方面，「擁有什麼職業並沒有那麼重要」。我長大後才領悟到，不論錢賺得多還是少，工作收入是穩定還是不穩定，從事經濟活動時如果沒有基本的經濟觀念，終究只能度過被錢左右的生活。

我來說說我的故事好了。我爸爸是牧師，負責管理一間小型開拓教會，一輩子都犧牲奉獻。雖然我很尊敬父母的奉獻精神，但家裡的經濟狀況卻總是非常吃緊，家人因此飽受大大小小的生活之苦，臉上總帶著揮之不去的陰霾。在國小時期，我得要存下每塊零用錢來繳校外教學的費用，我從小是以這種方式學會「獨立」的。雖然父母提早讓我學習「獨立」，但實際上我並沒有正確學到金錢的價值，結果我就在不瞭解金錢本質的情況下，光是努力地生活在資本主義社會中。

我以為開始上班賺錢後，一切就會有所改變，但剛進入社會的生活非常艱難。我曾在偶然間看到年輕時的我所寫的日記：「上班就像是一邊為穿上新制服、剛加入的同事祝賀，一邊搶走他的辦公桌一樣。」我以為只要努力工作、疼惜班上的小朋友、懷抱教學熱情，自然就能存到錢，生活的穩定與幸福也會理所當然地隨之而來。結果，雖然每個月薪水都準時入帳，但令我感到空虛的是，它們連一句道別都來不及說就從我的戶頭中消失，儘管我很努力想留住，但單憑我的力量卻做不到。

尚未結婚前，勉強還能憑老師的薪水過活，可是在我變成家庭主婦、當上媽媽之後，不知道為什麼想買的東西和該買的東西變得越來越多。我有兩個小孩，我想幫他們買他們哭喊著說想要的魔車戰神，我想送他們去讀社區裡常遇到的雙胞胎姊弟上的補習班，我也希望能讓老大穿上帥氣的足球服加入足球隊。

我藉這個機會坦承，那時候，當朋友在IG動態上傳跟家人一起開心笑著旅行的照片時，明明只要動一下大拇指就能按下「愛心」，我卻內心狹隘而按不下去，我很討厭這樣的自己。雖然生活很有壓力、經濟很吃緊，但我還是期待著我的孩子能見識到、體驗到寬廣的世界，不需要煩惱金錢。難道只有我這樣嗎？我認為一般的成年人應該都會擔心每個月的生活費和飆升的物價，尤其作為父母應該也是每天過得忙碌又勉強。

這件事很煩惱、那件事令人鬱悶，每天光想這些煩心的事情就會頭痛不已，但為什麼小腹也跟著一起增加呢？就像我領悟到並非不顧一切努力念書就能成為全校第一那樣，並非只要努力生活，一切都會有好結果，於是我下定決心要停止亂無章法的努力，而是要有策略地達成財富自由。我開始跟先生一起日以繼夜地對話、討論、學習經濟與理財知識，到了週末就互相輪流照顧孩子。我們買成堆的探討累積財富的書籍來看，也會觀看已經達到財富自由的 YouTuber 的影片，並且邊做筆記。

經過一番努力後我們得到了以下結論，這是我們選擇後決定要專心投入的目標。

1 **我們家所認為的財富自由的方向是？**

①增加資本所得，創造「收入來源」。

②持續存錢直到我們不再需要把工作（勞動）當作收入來源。

2 **該怎麼做才能讓我們的孩子在生活中學到正確的經濟觀念？**

①日常生活中常常提到經濟相關的話題。

②養成好的金錢習慣，培養經濟思維。

新婚時，互不相同的兩人之所以能在疲憊又煎熬的生活中彼此扶持、堅持下去，就是因為對未來抱有共同的夢想。我跟先生談論夢想的起源是「被工作壓榨而疏忽家庭到底會不會幸福？」因為無論是父母那一輩還是我們，都會認為剛進社會時，超時工作、加班、把與家人相處的週末時間拿來工作是理所當然的，所以我們提出疑問，是否想要成功就得要犧牲家庭。

這話題起初其實是先生開頭的，我的公婆都是上班族，所以他小時候常常都是獨自一人，要與父母分離時總是相當捨不得。父母一定都曉得孩子的心情，但他們上班也是為了養育子女，只好犧牲孩子最期待的情感交流時間。因此，我先生希望在孩子成長過程中能盡可能保留下充足的時間陪伴他們。

談得越來越多之後，我們討論的方向轉變為，「如果上班不是唯一能維持生計的方法，那有沒有更自由的方法？」我也很贊同先生的想法，確實有時候會因為身體狀況不佳、需要照顧小孩、需要照顧父母或是因為身心太疲憊而萌生辭職的念頭，不過我常常看到有些人在這種時候會猶豫而不敢離職，並不是為了工作的價值或使命，而是為了要還貸款、支付生活開銷或教育費用，他們都是必須在「吃緊的薪水」這跑步機上持續奔跑才能維持現有生活的人。

我們夫妻開始思考能不能有不同的生活方式。最先嘗試的就是減少房屋大小，我們嘗試降低居住費用來增加資本所得，結果收益比預想的還要多。我們將新婚時以貸款購得的大屋子賣掉，換到小房子居住，不僅沒了債務，還利用差額再購買一間小型公寓，收取房租（收益型房地產），結果就因為這份固定收入而增加了每個月的被動收入。

當然我們還減少了生活中不必要的開銷，換成小房子之後，維護房子的費用減少，我們也盡可能減少外食費用，將一家四口一個月餐費開銷上限調整成六十五萬韓元（約台幣一萬五）。我們先將六十五萬韓元現金匯入生活費的帳戶，之後只能用簽帳金融卡在這個額度內消費，這樣進行了五年之後，我們已經習慣了節約的生活。現在每個月過十五號之後就很有感，知道這個月的生活費比較多還是比較少。

我們還利用其他有趣的方式持續減少餐費和生活費這些固定開銷。在YouTube上搜尋「清冰箱料理」，就會出現各種用冰箱現有食材做出的美味簡單料理，一步一步跟著做就會覺得很有趣；在IG上分享清冰箱料理的人很多，所以分享時也覺得很有成就感。此外，我會買美容剪刀或理髮器在家裡幫孩子修剪頭髮，大幅減少了去理髮院的次數。也因為在家裡剪頭髮，我剪髮的實力一天天進步，先生看起來有點緊張，因為他擔心自己是下個理髮對象。

衛生棉也換成布衛生棉，之前每個月都要像付電話費那樣購買衛生棉，現在不用花錢買，不僅能省錢，原本每次要丟掉用完的衛生棉時都對環境感到抱歉，但現在使用布衛生棉之後，心中某一角的歉意消失，變得舒坦很多。

我們把這樣存下來的種子基金積極投資在能創造現金流的地方上（房租、股票、著作權等），之後它們就像生下黃金蛋的鵝那樣生出財富。多虧於此，在結婚第七年的現在，對我來說，老師這工作的目的已經不是為了賺錢；先生原本每天上下班要搭地鐵通勤三個小時，現在可以從事夢想中的職業，享受不同以往的時間自由，也達成了想多花時間與孩子同樂的願望。

以前經濟窘迫，在父母節（每年的五月八日，韓國用來感謝父母之恩的法定節日）時只能非常小聲地向父母問安，但現在父母生日時，我們能包大包的紅包。雖然父母無法支持我達到財富自由，但他們尊重並相信我的所有選擇、給予我無限的信賴與愛，我由衷感謝自己現在的生活能回報那份愛。

所謂財富自由，並不是賺很多錢之後一輩子盡情花錢的那種自由，而是收益比支出更多、財富穩定增加的生活，更進一步來說，就是不需要拿時間換金錢。我現在依然對老師這職業懷抱期待，工作對我來說並不是賺錢的手段，我不需要為了養活子女而在不願意的情況下勉強自己。我在擁有財富自由之後重新找到的寶物是，再次發現工作的價值與希望。

此外，這還讓我能堂堂正正地告訴班上的孩子以及我的小孩，為什麼要追求這種真正的價值，而非只是說些教科書上的標準答案。所有的父母都一樣，也許會因經濟狀況而放棄自己的夢想、錯過機會，但都希望至少子女能選擇自己想要的生活而過得幸福，期待子女能在發揮自我價值的地方開心地賺錢，而不是庸庸碌碌地追著錢跑。以這個角度來說，金錢教育非常重要。

有人是完全獲得財富自由的人嗎？人生就是反覆賺錢、存錢、花錢的過程，有句話說熟能生巧，理財也是一樣。大人們應該很早就在現實生活中體悟到「好好念書就會幸福」的公式是錯的。明明賺一樣多的錢，有人很會花，有人很會存，也有人一輩子都帶著錯誤的理財觀念和習慣。與其讓孩子繼承財富，我更希望讓孩子瞭解「財富的價值」，然後自己打造出理想的生活。所以我希望經濟的概念能滲透到孩子的頭腦和身體，進而成為能主導金錢，而非被錢左右的人。

這本書會提到我對自己孩子以及班上學生所實施的經濟教育，以及培養理財習慣的技巧。許多父母都希望自己的孩子能過得比自己更健康、更富裕，我也是如此，如果帶著這樣心情的父母都能透過這本書，獲得好的想法並運用對的方式，那就再好不過了。

金聖火

CONTENTS ✦

CONTENTS ✦

Part 3
培養孩子十一種理財習慣與思維，開啟富裕未來

Part

4

內建孩子理財力，從生活打造小小巴菲特的特質

CONTENTS ✦

Part 1

小時候的金錢習慣會影響這輩子的財富自由程度

為什麼財富自由的起點是習慣？

因為工作關係，我每年都會認識新的孩子，到現在已經十年了，這段期間我遇過各式各樣的孩子，累積一定程度的統計資料。我覺得我領悟到一個不變的共通法則，那就是：

很會整理書桌的小孩也擁有良好的讀書習慣。

雖然這句話並不代表所有很會整理收納的小孩都很會念書，但大部分確實是這樣。這些小孩每天進教室後，會先把當天上課要用的鉛筆削好，查看當週課表與進度表後，清出桌子抽屜的空間，把要用的書和筆記本整齊地放進抽屜裡，這樣井然有序地準備好之後，接著就是十分鐘的安靜閱讀時間。韓國小學生一年上課的天數約一百九十天，這樣每天反覆的行為理所當然地累積成讀書實力。

好習慣不只會影響讀書，也是獲得財富自由的核心。

世界首屈一指的頂尖投資人華倫・巴菲特名列全球富豪榜的十名內，他是怎麼賺到這麼多錢的呢？他的財富自由難道是因為含著金湯匙出生嗎？還是他擁有上天賦予的得天獨厚的才能嗎？是因為他從小就有幾個與眾不同的習慣。

第一，他對賺錢很感興趣。同齡的人在讀幼稚園的時候，他已經開始販售口香糖、可口可樂、高爾夫球、爆米花，還送過報紙。你問我，我們的小孩也要像華倫・巴菲特那樣從小賺錢嗎？重點不是這個。巴菲特是在瞭解人們的困擾之後，才去找方法解決那個困擾，進而獲取利益。

他敏銳地觀察到，朋友們為了買口香糖得要停下玩樂，花時間走到超市，非常不方便，於是巴菲特便先買好口香糖，在朋友會經過的社區路口以稍微貴一點的價格轉賣，藉此賺取利潤，他是透過為人解決困擾獲取收益的。此外，他也曾在理髮店設置彈珠台，因為他發現客人在等待理髮時相當無聊，便設置彈珠台，讓客人們殺時間，當然同時也賺到錢。

第二，比起花錢，他更喜歡存錢。巴菲特是出了名的節省，幾十年來都是在上班途中吃兩至三美元的漢堡當早餐，就跟一般的勞動者一樣吃相同的食物開始一天。巴菲特擁有的房屋和汽車也都是一般中產階級能購買的水準。許多人對他節省的生活態度提出疑問，他回答：「價格跟價值不同。」

我們常常出於愛子女的心而貪心地想買更多東西，我也不例外，如果這個東西對課業有幫助，我就想要買；如果那個東西看起來不錯，我也想要用用看。儘管我嘗試許多東西，但每當接近年末時都會留下莫名的空虛感。為什麼會這樣呢？我們明明就這麼努力。我思考很久之後，覺得答案就是：「只要告訴孩子一件事就行了。」

身為老師，我很清楚父母們都希望能在沒有經濟後顧之憂的環境下養育孩子，希望讓孩子培養出清晰的經濟敏感度，我想告訴這些學生家長：財富自由的起點與終點是「習慣」，這就是全部了，這就是核心。這麼說來，該培養孩子什麼樣的習慣呢？

✦ 第一，培養孩子對經濟感興趣的習慣。

對經濟感興趣是來自於對社會感興趣，尤其經濟教育也可說是社會教育。在超市選冰淇淋的時候，挑喜歡的玩具的時候，考慮今天晚餐要點外送還是外出吃飯、該選擇哪間餐廳的時候，全都要計算機會成本。如果孩子上國小後已經開始建立對數字單位和金錢的敏感度，那麼在生活中遇到要支付費用的情況時，可以試著把選擇的主導權交給孩子。

你覺得哪個比較好？
說說你選擇的原因！

除此之外，也可以讓孩子注意到，提供服務來解決生活中遇到的不便也是一種賺錢方式。例如去野外露營生火時會需要木柴，如果要自己收集附近的樹枝就會花很多時間，由於也不太熟悉生火方式，如果要自己生火可能得耗費好一陣子，這時剛好看到營區的販賣部海報上寫著「販售木柴／噴槍」，這就是讓孩子理解支付費用來取代收集木柴與生火的勞力的實例。請試著帶孩子一起計算費用也計算時間看看。

為什麼會出現這種服務？
該怎麼解決這種不便？
有沒有別的方法？
有沒有更好的提議？

請不要覺得孩子還小就統統由父母決定，就算孩子的選擇可能需要支付相關的機會成本也無妨，重點是讓他體驗到對自己選擇的結果負責。在實際花錢購物的同時，對經濟的敏感度也會快速提升。

✦第二，培養孩子管理金錢的習慣。

孩子的零用錢要由孩子自己管理。就算是小錢，也要試著由孩子主導並管理，這樣以後才能自己管理大筆資產。如果是一週發一次零用錢或一個月發一次零用錢，最好能記錄每次花了多少、拿到多少。要是覺得很難，可以在指定的日子計算存了多少錢。親眼看到結果是很重要的，要讓他明明白白地看到之前拿到多少，現在還剩下多少。

剩下的零用錢要跟孩子討論後再決定該怎麼使用。有些孩子會把零用錢全部花在想買的東西上，有些孩子會為了某個想買的東西而在一段時間內忍耐不花錢。重點是讓孩子透過控制零用錢得到經驗。千萬不要因為擔心孩子會把錢花在沒意義的事情上就雞婆地說「爸媽幫你管」，然後拿走零用錢的主導權。

孩子在幼兒時期玩積木能訓練小肌肉，而金錢也是一樣的道理，請讓他體驗在各個層面以各種方法來花錢，這過程會鍛練出控制金錢的肌肉。希望你能在這過程不斷地跟孩子對話，討論如何管理金錢和花錢。如果給他自由讓他自行管理，最終他不只是能體會到金錢的珍貴，也能培養出省錢與存錢的力量。

維持健康體態的祕訣只有一個，就是少吃多動；全球知名富豪累積財富的祕訣也只有一個，就是少花多存，真的很簡單，但並不容易。大家都知道祕訣，卻很難付諸實踐。冰淇淋要趁融化之前吃掉，無論做哪個決定都好，就是不要繼續煩惱，而是從現在立刻開始行動。今天起去超市時，就試問孩子看看：

你覺得哪個比較好？

說說你選擇的原因！

從小擁有經濟敏感度，長大才能具備管理金錢的能力

「不需要從一開始就很偉大，不過，一旦開始就會變得偉大。」

——吉格．金克拉（世界激勵大師）

遺產是指後代有意義地繼承父母珍惜的價值與財產。這麼說來，我們該為正在努力成長的心愛子女準備什麼樣的遺產呢？

我跟身邊提早享受財富自由的（真的很有錢的）人聊天時，發現到一個共同點，他們並沒有繼承父母的財富，也就是所謂的資產，他們繼承的是「對財富的觀念」，這個就是核心。重要的遺產並非令他人羨慕的、不愁吃穿的財產，而是透視經濟脈絡的眼光、對經濟的敏感度以及理財的方法與習慣。

他們從小在飯桌上、床邊、附近商店，以身體和頭腦熟悉這些價值觀，然後就像毛毛雨浸濕衣服那般，這些習慣滲透到他們生活中的每個角落，在他們

成為大人時變成重要的養分。

很可惜的是，一般父母是怎麼做的呢？因為自身不太瞭解經濟，所以提到錢就覺得膚淺，認為金錢話題是有錢人在聊的。由於帶著許多的成見，便覺得跟孩子談財富很尷尬、不自在，也會因為沒辦法賺更多錢，沒辦法買更好的玩具、更貴的衣服給孩子而感到抱歉。他們不是因為無法帶給孩子關於財富的觀念而感到抱歉，是因為無法盡情給孩子金錢、物品而產生愧疚。

然而不僅僅是錢，應該要著重在培養孩子掌握經濟脈絡、提升經濟敏感度，以及聰明控制金錢的方法與習慣，因此，從現在開始就要跟孩子聊經濟。當孩子對於經濟相關議題主動提出「為什麼」或釋放出好奇心時，就是最好的時機，只要像這樣自然而然地開始談經濟就行了。

很多人就是從小扎實地培養經濟觀念，到後來獲得財富自由的。希望各位閱讀時能深入思索該如何運用在自己的孩子身上。

✦ 案例1 Kwon Joon（權俊）：韓國有名的 YouTuber

如果孩子某天對你說：「媽媽，我想買三星電子。」你會怎麼回答呢？

應該會很慌張吧？權俊是以「入股三星電子賺取千萬韓元的國中生」聞名的YouTuber，經營YouTube頻道「Kwon Joon」，他的媽媽李恩珠用很特別的方式回答了小孩的這個問題。

權俊跟許多國小生一樣，沉迷於機器人玩具和鬥片，每次有新產品上市時，就會纏著媽媽買。家裡的玩具明明已經有一整袋了，但孩子又想要再買，該怎麼辦呢？所有的媽媽看到這個狀況之後應該都會嘆一大口氣，不過權俊的媽媽不一樣，她在平常生活中就搭配權俊的程度跟他對話，進行經濟教育，這次也將孩子對玩具的注意力轉換成製造公司的老闆或股東的心態，建立經濟思維。

媽媽：那你要不要當玩具公司的老闆？這樣工廠裡面就會裝滿你喜歡的玩具。

權俊：真的嗎？那要怎麼樣才可以當上玩具公司的老闆？

改變孩子的觀點，讓孩子的視角從「購買者」轉換成「生產者」的心態。這是一種全新的思考方式對吧？

還記得二〇二〇年三月大家對Covid-19大流行的恐慌達到極點的時候嗎？當時KOSPI（韓國綜合股價指數）和KOSDAQ（科斯達克）無止境地

下跌，政府甚至啟動熔斷機制和跌停機制，人們因為對經濟危機的恐慌而坐立不安。不過你應該至少聽過一次財經新聞裡面的專家說：「暴跌是能低價購入績優股的機會。」當發生意想不到的金融危機時，有多少人能堅守平常的想法呢？

權俊因為透過平常的經濟教育已擁有經濟概念，所以決定在這時買入三星電子，然後說服媽媽開設證券帳戶。權俊把目前為止存下的零用錢、販售模型車賺到的錢、經營自動販賣機累積的兩千多萬韓元（約五十萬台幣）做為種子基金開始投資，他一個人投資了這麼大筆的錢，當股價上漲時立刻獲得很高的報酬。

權俊的媽媽說，平常就想要讓他學習經濟獨立之類的「社會教育」，而非只是學習課業，權俊很小的時候就曾把存下的錢捐出去，體驗到帶給社會好的影響；實際經歷 Covid-19 這波金融危機時，他理解到未來不論什麼時候遇到經濟危機，都要客觀地觀察狀況，掌握經濟脈動，有智慧地做好應對準備。

當孩子說「媽媽，我想買玩具」時，該怎麼反應和行動比較好呢？將經濟視為早期教育的一環就會很容易。請從孩子感興趣的部分開始做起。如果孩子喜歡玩具、喜歡積木，就試著以該公司、市場占有率、競爭產品與競爭對手為主題談論看看，如此開始進行經濟教育。孩子可能會將跟父母對話的過程中形成的經濟觀念作為決策準則。父母可以嘗試像權俊的媽媽這樣，將他的注意力轉換成購買股票的體驗，經歷這種小成功帶來的成就感，會讓孩子驅動自己、主動規劃人生。

✦ 案例2 John Lee：東學螞蟻運動主導人

John Lee 是 Meritz Asset Management 的老闆。在 Covid-19 期間，外資出售韓國股票，造成韓國股價持續下跌時，他帶領散戶積極買入韓國股票護盤，主導所謂的「東學螞蟻運動」，因此有了「Jonh 琫準」的稱號。（註：韓國歷史上「東學農民革命」的領袖名字是「全琫準」。）

John Lee 在大二時就跟家人一起移民到美國，在美國的三十五年期間，他在華爾街等地從事基金管理人的工作。不過，他並不是在擔任基金管理人的時候才學到對金錢的哲學和價值觀，他從小就看猶太人的案例。

他在眾多的採訪中提到，他是向猶太人學習金錢哲學的。儘管猶太人的人口只占全球人口百分之零點二，但他們卻是實際上操控美國金融的人。猶太人為什麼能夠一手掌握全世界的金融命脈呢？

重點在於猶太人從小就學習正確的金錢觀。男生大約是十三歲、女生大約是十二歲的時候，會舉行成人禮，那時平均每個人會收到家人提供約五萬美金的禮金。給他們這麼大筆錢的用意是什麼呢？就是「獨立」。意思是要從父母的經濟範圍內獨立，走入社會。當然十三歲、十二歲的孩子不會在拿到錢之後立刻獨立，他們要從這時開始利用這筆種子基金學習投資方法，領悟經濟脈動，以此在未來達到經濟獨立。因為能實際體驗到自己花錢後賺錢的過程，所以他們不是用頭腦在學習金融知識，而是用身體學習。對此，**John Lee** 引用華倫・巴菲特的話，「沒有人可以贏過先做的人」以及「投資是與時間的戰爭」。

上述兩個案例的共通點是什麼呢？就是「有沒有從小開始好好建立金錢觀念」。如果父母正確教導金錢觀念，孩子理解後，就會自己準備「獨立」，因為他們自然就會開始思考該從事什麼經濟活動、如何成為社會的一員，也就是領悟到以後自己該做什麼。如果覺得「經濟教育雖然重要，但現在成績進步是更重要的」而延後經濟教育，就等於是輸在起跑點。

成長期就先擁有對經濟的敏感度的人
VS
先讀書，長大後才第一次接觸金錢的人

你有想像過兩者差異有多大嗎？其實我們身邊不乏長大成人後才第一次自主管理金錢的人，他們在賺錢、花錢、存錢的過程中非常迷惘。我也是非常晚才明白，所以失敗過無數次。

我們的下一代應該要不一樣，我們要幫助他們從小開始扎實地累積經濟觀念與理財習慣，成為一個有能力自主管理金錢的人。請記住，這將會成為一股力量，讓孩子能自己描繪出在社會闖蕩的藍圖。

面對變化急遽的社會，更應培養孩子正確的金錢觀

你童年曾寫過零用錢記帳本嗎？在父母那一輩，經濟教育的起點就是零用錢記帳本。在學校也會進行跟管理零用錢有關的教育。不過我們孩子光憑零用錢教育難以在往後的社會中生存，現在我們來看實際的生活景象。

✦ 轉變1 No Cash! 無現金交易的社會

最近一週內你從皮包掏出現金結帳了幾次呢？相較於過往，你是否也感覺到身邊的人購物時付現的情況減少許多。說穿了，現在已經越來越難看到現金本身了，在便利商店不難發現，連買罐飲料也會刷卡結帳，這就是我們的日常生活。

尤其餐廳和零售業的結帳系統改變得最快速。想想你牽著孩子的手去逛商店的景象，在速食店、三明治店、冰淇淋店、沙拉店、豬排店裡，已經不是店員面對面詢問「您要點什麼？」，而是站在點餐機前面看著菜單點餐，然後使用信用卡或行動支付，而非現金結帳。

除了信用卡或行動支付變得普及之外，甚至還出現不收現金的店家。韓國某間咖啡專賣店的主要客源都是上班族，他們便將一部分的商店改為「無現金交易」。這些現象在在顯示，信用卡與行動支付的使用率持續增加。

✦ 轉變2 便利的行動支付服務支配日常生活

現在就算說行動支付服務正在支配生活也不為過，光看我也是如此，平常外出時只會帶著卡片夾，甚至因為智慧型手機也綁定信用卡，常常連卡片夾都不用帶。搭大眾運輸時，就會使用有悠遊卡功能的信用卡；中午用餐時就拿三星 **Pay** 裡綁定的信用卡感應店家的刷卡機付款；下班回家路上打開外送平台，利用內建的支付工具或 **KakaoPay**（電子錢包）點晚餐來吃；生活用品則會使用 **Coupang** 電商的應用程式，利用內建的 **Coupang Pay** 結帳。

各位的生活又是如何呢？我想應該跟我很相像。

根據韓國銀行公布的電子支付服務使用現況報告，截至二〇二一年上半年，營收額每天平均為五千五百九十億韓元，韓國的電子支付服務分為金融圈與非金融圈，金融圈的服務包含國民 App Card、三星 App Card 之類的信用卡公司，非金融圈服務則有零售業者（SSG Pay、Tmon Pay 等）、咖啡連鎖店（星巴克）與平台業者（Naver Pay、Kakao Pay）等。

不僅是公司配合這樣的改變，各國的央行也加快腳步準備轉型成數位貨幣（中央銀行數位貨幣 Central Bank Digital Currency, CBDC）。瑞典已經進入數位貨幣「電子克朗」（e-krona）試營運階段，中國也進入「數位人民幣」的試營運階段，正使出全力讓數位貨幣商用化，聽說韓國銀行也已經做完數位貨幣的設計和技術檢討，將開始進行模擬試驗。

而讓這些進程加快的原因就是 Covid-19。「可能會被附著在鈔票上的病毒感染」的消息傳開之後，全世界迴避現金的現象越來越明顯。根據 BBC 的報導，從二〇二〇年三月 Covid-19 大流行之後，英國的自動櫃員機（ATM）提領次數已經降低了百分之六十之多，由此可知人們的想法大幅改變了。

當然，在小豬存錢筒裡存入一塊又一塊的零錢，在零用錢記帳本上記錄收入和支出，這種零用錢教育真的很重要，但現在的社會變化速度非常快，購物結帳時我們常常使用的是卡片（信用卡／簽帳金融卡／簽帳卡）以及行動支付，而不是現金。

在班上，我會在上社會課時，分享新聞來談論這種改變，我會問學生對數位貨幣有多少瞭解，有些孩子能說出各種支付方式，有些孩子則是在聽到同學說明後表示第一次聽說。

在目前的社會，便利的行動支付服務已經是主流，上網購物只要輸入密碼，有時候甚至也不用按密碼，透過生物辨識就能結帳。這種服務雖然方便，從另一個角度來說也很可怕，這表示支出非常容易，但支出不受控的風險卻增加了。連大人都很難控制支出，更何況是小朋友呢？

小朋友現在連看到現金變成實體商品的機會都越來越少了。如果是親手拿著錢，把錢存起來之後再消費，就很容易培養對錢的敏感度，但在虛擬空間中交易時無法看到實際的金錢流動，因此很難衡量支出多寡。也就是說，我們的孩子在現實生活中能熟悉金錢的機會正逐漸減少。

但另一方面，YouTube 或社群平台則是更強烈地刺激著人們消費。從國小年紀起，孩子就容易接觸到各種衣服、鞋子、智慧型裝置等高價產品與品牌的介紹，以及新推出的玩具、華麗的教具、遊戲物件等等，這些總是在刺激孩子們的消費慾。他們連控制金錢的方法都還沒學會，消費的敏感度卻日益發達。

面對貨幣逐漸轉換成非實體可見的趨勢，身為一名老師和家長，更是感受到一定要好好教導孩子們金錢觀的重要性。

孩子們將面對的世界是「數位的資本主義時代」，很明顯的是，往後金錢的威力會比現在更強大。智慧型手機、電動車等高級產品越來越普及，如果父母發現孩子在不斷的比較之下，飽受相對剝奪感的折磨，那麼一定會相當煎熬。

在這種時代該怎麼面對呢？核心就是「經濟思維」。我們要幫助孩子培養經濟思維，讓他對金錢有正確的判斷、做出正確的行為，從日常生活開始就要幫助他養成正確的習慣。

有沒有訓練經濟思維，其差異就像每天晚上跑公園一圈的小孩跟從來沒跑過公園的小孩一起參加短程馬拉松比賽一樣。如果每天都跑公園，那麼就會認為跑五公里綽綽有餘；相反地，連一次都沒跑過的小孩，一聽到五公里，就會覺得那是很長的距離而輕言放棄。

我們在成長的過程中會面對各種課題，同時也會從事經濟活動。孩子到了二十歲、三十歲、四十歲的關卡，都會面臨重大的經濟挑戰，但如果從小開始培養經濟思維，就能堅毅地面對。如果小孩曾經去銀行開戶、儲蓄、投資，經歷過一些正確的選擇，也透過經濟知識培養自己看待這世界的目光，那麼即使面對人生的重大課題也能遊刃有餘地處理。

國小子女的經濟教育是從以下三個核心開始的：

第一，在日常生活中學習經濟概念。

第二，培養經濟思維。

第三，培養理財習慣。

財富自由的關鍵，就是培養經濟獨立

你會騎腳踏車嗎？你覺得這很理所當然嗎？我可是到二十七歲才第一次成功騎腳踏車，我九歲時曾嘗試騎過，但卻從下坡路摔到大馬路上，這可怕的經驗讓我從此之後不敢再騎腳踏車。

就這樣一直到了二十七歲，我才重新嘗試騎腳踏車。一開始雖然我坐在椅墊上，但如果後面沒有人推，我連一步都動不了。

坐在腳踏車上的人該怎麼做呢？其實就是「一腳抬起、一腳轉圈」。當雙手握著腳踏車的把手，抬起一腳後，雖然前進得不多，但只要多踩一圈，輪子就會轉動，然後在快倒下時再多踩一圈，就能讓腳踏車保持平衡，持續往前進。當天我領悟到了這點後，從此就能一人騎腳踏車，現在只要是輪子到得了的地方，我都能開心地騎去。

能夠獨自安穩地坐在腳踏車上的人才是會騎腳踏車的人，不過如果需要有人在後面推或在旁邊牽，就很難走得遠，也很難到達想去的地方。在快要跌倒時，需要自己多踩一次踏板，才能以自己的力量往前進。

經濟獨立也是這樣，在子女親自學習後，要給他機會體驗，才能有所領悟。首先藉由詢問讓他對經濟產生好奇之後，要尊重他的選擇，讓他思考選擇的原因並讓他檢視結果，這些過程能培養他的思維。

出乎意料的是，其實很多小孩子都不瞭解金錢的寶貴，他們對金錢、對經濟、對世界漠不關心，也有很多孩子只知道花錢；相反地，有些小孩認為完全不花錢才好。

現在依然有很多家庭禁止孩子談論錢，「一直講錢、公開地談錢很俗氣」，父母們擔心別人會那樣想而不敢自由地談論。但難道孩子只要努力念書，長大就懂得怎麼賺大錢，也會懂得怎麼存錢和花錢嗎？事實上，因各種原因而缺乏對錢的控制力的孩子，不知不覺就已經變成了大人。

許多父母會希望自己這一代能累積財富，將財富傳給下一代，但如果實際上子女沒有建立起正確的經濟思維和理財習慣，就算繼承了財富也很難守住。這就是現實狀況。我們身邊真的不乏有這種案例，朋友的舅舅繼承父母的土地後，不瞭解土地的價值就賤價出售；親戚的妹妹已經結婚，也有了四歲的女兒，卻無法獨立，依然跟父母伸手要錢拿生活費。

如果沒有接受正確的經濟教育，就一定無法瞭解社會是怎麼運作的，然後就這樣長大成人了。我寫這本書的初衷就是起因於各種惋惜，我不希望只有班上的孩子知道，而是希望能透過書籍跟更多孩子和父母分享這些方法和故事。

在第二章會提到培養經濟獨立的初始階段，也就是建立小學生該知道的經濟概念。我會提出各種有趣的案例來分享如何在自己的班上搭配孩子的程度，用他們容易理解的方式進行經濟教育，以及跟孩子們對話的內容，你不需要完全依樣畫葫蘆，只要從其中選出真正適合你的孩子的部分，然後開始實踐看看就行了。

Part 2

小學生該瞭解的三階段核心經濟概念

為什麼小學是該瞭解經濟基本概念的黃金期？

「我們無法教別人，只不過是幫助他找出自己已經有的東西。」

——伽利略．伽利萊（義大利科學家）

在國小低年級時還對錢沒什麼興趣的小孩，某天起開口閉口都談到錢，拜託我再多給他一些零用錢，還說因為他幫忙跑腿，所以也要給他錢。他也會問爸爸媽媽賺多少錢。我擔心他變成眼中只有錢的人。忍不住想，「我的孩子，你還好嗎？」

面對孩子的變化，父母會感到慌張是理所當然的，如果想要保持鎮定、從容地應對，就要先理解孩子的發展。從國小一年級到六年級期間，孩子的「知性、感性、群我關係」這三個層面會經歷很大的改變。孩子的成長當然會依據個人狀況而有或大或小的差異，但幾乎都是往類似的方向發展。

✦國小各年級知性、感性、群我關係發展樣貌

年級	一	二
知性	・個人差異大 ・喜歡聽故事	・開始發展客觀視角 ・思考變得具體、有行動力、自我中心 ・機械式的記憶發展 ・詞彙量增加 ・尋找事件結果的原因
感性	・看到東西會觸摸、好奇心和興致很強 ・缺乏專注力 ・無法區分想像與現實	・逐漸形成能克制慾望的能力 ・對未來和可能性等感到懼怕 ・對於快樂和不快樂的情緒變得敏感
群我關係	・單獨行動 ・跟誰都能好好相處，不分男女 ・認為自己是全世界的中心 ・喜歡模仿	・占有家人、自己的能力、所有物的慾望增加（非常在乎且認知到這點） ・競爭意識提高，對社會的要求變得敏感

三	四
・個人差異變大，開始出現記憶、理解、思考、推理等知性活動 ・語言發展急速進步，思考力增加 ・擁有能閱讀並理解文章的能力，能專注地看書	・能機械式地理解並判斷事物，逐漸以有邏輯的記憶力來判斷事理 ・知識接受力增加
・對於善惡的觀念加深 ・對俚語和髒話的好奇心很強 ・對於死亡和不可見的世界產生興趣（跟神話有關的古代故事） ・忠於自己的價值（善惡、揚善抑惡） ・對身邊的狀況變得敏感	・情緒起伏不大，形成較穩定的情緒態度
・會形成以朋友、鄰居為中心的群體 ・從自我中心的思考和行為轉變為團體思考和行為	・形成群體 ・排斥異性 ・在群體的人際關係中具有流動性 ・班級意識增強，出現自制力

五	六
・出現對時間和空間的認知（追求未知的世界） ・對科學知識的興趣增加 ・形成有邏輯地思考的判斷力	・形成有批判性思考力的基礎 ・思考力增加，正在形成分析問題的能力，但排斥表達自己的意見
・能控制情緒，自制力變強 ・感受力增加 ・在乎人際關係，但不清楚怎麼經營	・跟自己有關的事情會出現敏感的反應 ・開始有個人的祕密 ・人際關係常發生衝突 ・出現自我意識
・擁有團體意識，會開始協助他人 ・人際關係的比重增加 ・從與少數人交友的關係，變成團體的交友關係，形成小群體，團體意識強烈	・與同質性高的朋友形成群體（群體出現領導人） ・表現出對異性的興趣 ・在群體的人際關係中不會流動

尤其到了國小四年級，大約十歲的時候，兒童成長領域中「知性」的發展會經歷很大的變化。在三年級之前是傾向倚賴知性中的「記憶和理解」來思考，到四年級就會逐漸開始用有邏輯的「記憶力」來判斷事理。也就是說，

孩子會從記住並理解狀況或問題的層次，發展成推敲事物和現象的原理、有邏輯地思考的層次。

對於知識的接受力也會增強，能逐漸建構自己的思考體系。尤其他在意的範圍會從「我」擴大到「我朋友」，甚至是「我身處的社會」，因此這時需要有人告訴他，在「我」身處的社會中，經濟是如何運作的。

而學校是否有搭配孩子的發展狀況進行經濟教育呢？如果有的話，是以什麼方式來教育呢？根據韓國教育部公布的第七屆課綱來看，學校須選定經濟和金融教育為通識學習的主題，並建議老師透過整合教科書和創意體驗活動等各種教育領域來指導孩子，並以消費者的責任、權力、創業（企業家）精神、福利與稅制、金融生活、智慧財產權等作為全方位的學習主題，來介紹社會的經濟活動（韓國教育部 2016）。

社會科通常被認為跟經濟教育密切相關，所以大家通常認為學校課程裡只有社會科會談論經濟。然而，經濟和金融教育是大範圍的學科，散佈在小學低年級到高年級的教育課程裡，是完整的體系。意思就是，國小教科書只是沒有另外註明這是「經濟課」，其實許多教科書都會引用並提及跟經濟相關的內容，也會在活動當中探討。

✦ 經濟、金融與教育課綱的關聯性（以韓國為例）

年級	經濟活動	消費者教育	創業（企業家精神）	福利、稅制、金融活動、智慧財產權
國小一至二年級	國文	國文	通識	國文
國小三至四年級	社會	社會、道德	社會	美術
國小五至六年級	社會、實作課	社會、國文、實作課	國文、實作課	社會、實作課
國中	國文、社會、數學	國文、社會、家政、環境、美術	社會、家政、前途與創業	社會、歷史、道德、資訊、家政
高中共同科目	綜合社會	綜合社會、生活與倫理	綜合社會	綜合社會
高中選修	經濟、實用經濟	經濟、實用經濟、政治與法律、生活與倫理	經濟、實用經濟	經濟、實用經濟、社會與人文、生活與倫理、政治與法律、倫理與思想
高中選修		家政		家政、資訊

這麼說來，國小社會科究竟是怎麼探討經濟教育呢？國小社會科的目標是讓孩子注意到周遭社會的現象並引起他們的興趣，藉此學習跟生活相關的基本知識與能力。更進一步，還會強調要讓孩子積極地將所學知識運用在身邊的環境或問題上。仔細看看國小各年級社會科教科書的單元，就能幫助家長理解這個脈絡。

✦ 國小社會科教科書單元名（以韓國為例）

年級	上學期	下學期
三	・我們家鄉的樣貌 ・瞭解家鄉的故事 ・交通與通訊方式的變化	・生活樣貌因環境而改變 ・每個時代不同的生活樣貌 ・家庭型態與角色變化
四	・地區的位置與特性 ・瞭解地區的歷史 ・地區的公共機構與人民參與	・村落與都市生活樣貌 ・生產與交換需用物資 ・社會變化與文化的多樣性

五	・國土與我們的生活 ・尊重人權與正義的社會	・古代生活與文化 ・社會的新變化與今日的我們
六	・社會的新變化與今日的我們 ・國家的政策發展 ・國家的經濟發展	・世界各國的自然與文化 ・國家統一的未來與地球村的和平 ・尊重人權與正義的社會

乍看之下會以為國小社會科是從三年級才開始的，但其實在一二年級的通識課裡也會融入社會科的內容。尤其國小社會科的特性是，從三四年級開始會以跟學童日常生活密切相關的事物作為素材來學習概念。因為是學習自己體驗的社會型態與空間，所以孩子會覺得很有趣。

國小三四年級的時期，孩子在居住的社區、學校附近、家鄉等地區的見聞、觀察、體驗都會成為學習的素材。若將教科書內容跟孩子的生活連結起來理解，不僅會覺得學習很有趣，也有助於正確理解概念。

這個時期的小孩子跟爸媽一起走在路上，若看到空蕩蕩店家的玻璃窗上貼著「歇業」或「出租」時，會好奇地問為什麼是空著的；也會詢問為什麼超市有這麼多買一送一的東西。會提出這些問題的孩子並不特別，這是國小三四年級的小孩正活躍地擴張思考範圍的證據。這種好奇心會延伸成對經濟概念的興趣，也有助於熟悉經濟社會的運作。

請回想看看我們身邊發生的經濟活動，並不只有消費或買賣本身，我們會比較每間加油站不同的油價，選擇更便宜的那一間去加油；也會把孩子小時候玩過的舊樂高拿到二手物品交易平台去賣；更進階一點，思考為什麼連鎖餐廳的每間商店都是同樣的顏色、同樣的菜單。這些都是能夠培養經濟思維的行為。

請更深入觀察孩子對世界的好奇心。
孩子接觸的生活資訊會成為建立經濟概念的基礎。

如果你的小孩即將進入國小三四年級，或已經是三四年級了，那麼該怎麼引導他呢？依據社會心理學家亞當・加林斯基的父母發展理論，國小時期是「說明階段」。

✦ 若想栽培出擁有正確金錢觀的孩子，首要注重的是親子對話

父母是孩子所見世界的全部，父母是能配合孩子的程度說明在生活中經歷到的所有經濟活動並談論的人。父母怎麼回答孩子的問題，將會決定孩子對社會與人情世故的理解與思考。

比方說，當孩子這樣問的時候該怎麼引導對話比較好呢？

孩子：爸爸媽媽為什麼每天都要去上班？我想跟你們在一起。

你如果這樣回答孩子會怎麼樣呢？

爸爸：我們今天要去賺你的補習費，怎麼連這種問題都要問啊？

媽媽：如果爸爸賺更多錢，媽媽就不用這樣辛苦上班了。樓上阿民他爸很會賺錢耶！

倘若孩子聽到這種回答，就不會想要再問，也不會想再跟父母講話了。有很多父母特別在聽到跟經濟活動有關的問題，或是跟自己財富直接相關的問題都會變得敏感，會沒來由地發脾氣或感到丟臉，而忙著下結論，但這樣就無法發展出更有意義的對話，也會失去幫孩子提升思考力的機會。

該怎麼利用這種問題來起頭，幫助孩子培養思考能力呢？

爸媽：爸爸媽媽如果能跟你一起躺在床上，蓋著暖呼呼的棉被多睡一會該有多好啊？為什麼爸爸媽媽每天早上都要穿制服上班呢？在約定好的時間去公司上班，就是用時間換錢。在訂下的時間到工作地點工作，這樣每個月就能拿到錢，這筆錢就叫做薪水。這樣賺到錢之後，就能買想吃的東西、買喜歡的衣服、買家裡需要的東西。我們也會把賺的錢存起來買房子、買車子。

孩子：那爸爸媽媽就不要工作，讓其他人去工作也可以啊！而且還有老闆啊！

爸媽：假設老闆開了一間公司，公司生意越好，就會有越多該做的事情，那些事情很難一個人完成，所以會切割成許多份，然後交給會做事的人去做，老闆則承諾說會付錢給他們。爸爸媽媽努力讀書、累積實力後才有能力在那間公司上班，也跟老闆說好會做這份工作。也就是說，公司提供錢、爸爸媽媽提供能力，互相交換。公司變得越大，工作就會越多，所以會請越多人，如果員工都認真做自己被交付的工作，公司就會賺更多錢，老闆也會把賺來的一部分利潤當成員工的薪水發給員工。大家都是這樣努力工作後賺取約定好的酬勞。

孩子：可是我不喜歡爸爸媽媽每天上班，我想要你們早上陪我，幼稚園下課後也提早回來。

爸媽：公司的上班時間已經規定好了，就像學生要在九點前到學校一樣，爸爸媽媽上班前也跟公司說好會遵守時間。你還記得有人說過，就算只是小小的約定，如果任意違背了，那麼連大的約定也會容易違背，對吧？

孩子：我知道了，所以爸爸媽媽是去完成工作的約定啊！

爸媽：爸爸媽媽也希望可以有更多時間陪你。那你覺得有沒有辦法讓爸爸媽媽減少工作時間還能賺錢呢？

這就是我跟孩子的實際對話。你可以試著配合孩子的程度說明現實生活中的情況，為孩子介紹這個社會。當孩子充滿好奇心地提問時，無論是問什麼，都是機會，請務必掌握。鼓勵孩子這種看似不起眼的好奇心是很重要的，因為好奇心會引發他的興趣，也能讓他深深地投入。請透過提問來一步步介紹這個現實中的社會吧。

為什麼不能買昂貴的物品呢？
銀行是在做什麼的呢？
信用卡又不是錢，那要怎麼結帳？

如果有天孩子問你這些問題，你可以這樣反問看看。

你覺得為什麼會這樣呢？

孩子回答不出正確答案也無妨，父母也不需要執著在非得告訴孩子正確答案不可，重點是讓孩子將日常生活事件的因果關係連結起來。父母的提問會加深孩子對經濟的思考，他的想法會因此變得更深、更廣，經濟初學者和高手的差異就在於這深度和廣度。擁有深度經濟思維的孩子，即使跟別人身處在同樣的社會中，還是會想到更多、獲得更不同的感受。

當孩子在跟朋友比較住家坪數、衣服品牌、就讀的補習班時，可能會問出令你尷尬的問題。請不要把孩子當成愛錢的人，而是試著將對話延伸到經濟活動。請將孩子的疑問引導到正確的方向，成為他成長的起點。

為了培養出擁有正確金錢觀的孩子，父母的信任也很重要。就算不期待孩子一定要變成有錢人，也不能阻止他擁有正確的金錢觀。當然，擁有正確的金錢觀不表示他一定能成為有錢人，不過，至少會是懂得理財的人，未來能主導自己的生活，不會隨波逐流。這樣的人就是繼承了對財富的想法。如果父母相信孩子未來能成為有錢人，也相信他會擁有正確的金錢觀，在這樣的信任關係下進行經濟教育，我相信，孩子會成為健康的有錢人。

韓國親子教養作家鄭明愛（音譯，정명애），在其著作中點出父母有下列的角色：引導孩子進入現實社會、介紹當前的問題並啟發孩子、說明社會與人情世故，以對話解決跟子女間的衝突、發展成平等的關係等等。這些在經濟教育與培養習慣方面也非常重要，尤其十歲以上的小孩會開始對社會產生好奇心，所以在這個時期要接納他原本的面貌，自然地引導他進入現實社會，接著在這之上透過「對話」與「信賴」，為他預備成長的踏板。

台灣小學課綱中的財金素養

在台灣，自一〇八課綱開始實施後，「素養」成了未來教育的重要關鍵字。根據「一〇八課綱」所言，十二年國民基本教育的理念與目標是以「核心素養」作為課程發展的主軸。核心素養，是指一個人為適應現在生活及面對未來挑戰，所應具備的知識、能力與態度。教育強調以培養「終身學習者」為理想，並設下三大面向：自主行動、溝通互動、社會參與。三大面向則再細分為九大項目：身心素質與自我精進、系統思考與解決問題、規劃執行與創新應變、符號運用與溝通表達、科技資訊與媒體素養、藝術涵養與美感素養、道德實踐與公民意識、人際關係與團隊合作、多元文化與國際理解。

（資料來源：十二年國教課程綱要總綱）

而從國小三年級開始的「社會科」課程來看，「財經素養」亦成為教育的一環。國小社會科教育內容是以「互動與關聯」、「差異與多元」、「變遷與因果」及「選擇與責任」等四個主題軸為架構，統整歷史、地理、公民與社會三項學科的相關學習主題（其學習項目整理如下表）。從預訂的學習項目中可發現，這些與理解經濟社會、建立經濟思維、認識金融運作等息息相關。讓孩子從小培養財商思維與理財能力，正是符合世界脈動的教育趨勢。

✦ 社會科四個主題軸的學習項目

主題軸	項目
互動與關聯	‧個人與群體 ‧人與環境 ‧權力、規則與人權 ‧生產與消費 ‧科技與社會 ‧全球關聯
差異與多元	‧個體差異 ‧環境差異 ‧社會與文化的差異
變遷與因果	‧環境的變遷 ‧歷史的變遷 ‧社會的變遷 ‧政治的變遷 ‧經濟的變遷
選擇與責任	‧價值的選擇 ‧經濟的選擇 ‧參與公共事務的選擇

給子女的核心經濟概念第一階段（菜鳥）

✦理解「交換價值」的概念

當我在為小四的學生上國文課，文章主題為「為什麼會發明金錢？」時，我一邊念出課文內容，一邊聽孩子們的想法。很久以前的人會直接拿物品交換物品，不過這種方式帶來了許多不便，我針對這狀況詢問孩子們，以物易物到底是哪裡不方便？

智娜：因為要提著東西辛辛苦苦地到處找人換，如果有個獵人想用熊皮換漁夫的鯖魚，就要提著很重的熊皮走到能遇到漁夫的地方。

民成：漁夫想用鯖魚換農夫的米，萬一農夫比約好的時間更晚才來，鯖魚可能就壞掉了，這樣農夫就不會想用米換鯖魚。

志媛：雙方想換的東西不一樣，所以交換有可能會失敗，如果扛著米過來的農夫想跟漁夫換鯖魚，那麼漁夫也要想換米才行，但有可能漁夫不需要米，需要地瓜。

孩子們的答案都對。所以人們才會想出一個辦法，提議用某個東西衡量物品的價格，然後約定好一起使用，那個東西就是「金錢、貨幣」。能買賣商品的工具——「金錢」就是這樣出現的。平常沒有機會可以把金錢的概念說明得淺顯易懂，幸好可以利用上課時間，透過課本內容探討，因為我配合孩子的程度用簡單的方式說明，也讓他們跟同學分享經驗和想法，於是孩子們就能更具體瞭解金錢的概念。

建議爸媽們可以試著透過以下的問題來讓孩子們對金錢有更多的思考。

· 你覺得人為什麼要製造金錢？

例答：「我擁有一些物品，也需要一些物品。如果要換取需要的東西就要以物易物，不過每次要隨身帶著這些東西很不方便，於是大家約定好用相同的工具衡量，那就是金錢。以前是約定用貝殼或黃金這類的物品，現在是將紙張或金屬製造成錢來使用。」

．你最珍惜的物品是什麼？如果要跟別的東西交換，你願意換什麼、換幾個呢？

例答：「我覺得最近跟秀晶一起買的友情手環最珍貴。秀晶是我上四年級的時候第一個交的朋友，她先開口跟我講話，很瞭解我的心情，慢慢地我們就變熟了。上個週末我跟秀晶一起去逛跳蚤市場，剛好看到我們兩個都很喜歡的手環，就各買一個變成一對。如果要用這友情手環換其他東西，我會換十個馬卡龍，因為全世界我最喜歡的點心就是馬卡龍。」

例答：「我最珍惜的東西就是小熊布偶，從我開始會走路的時候，它就陪在我身邊，對我來說它是獨一無二的珍貴布偶。雖然我已經四年級了，但不管是在家還是出外旅行，如果沒有它，我就睡不著覺。如果要用小熊布偶換其他東西……太難選了，非換不可的話，我會選最近我花零用錢買的羽球拍，但小熊布偶太珍貴了，應該要四個羽球拍才能換吧？」

例答：「我覺得媽媽最珍貴了，我不知道該換什麼？媽媽跟世界上任何東西都無法比較啊。」

✦理解「需求與供給、稀少性」的原理

三月初準備要開學了，所有小孩都非常緊張。孩子們都戴著口罩上課，真的很難讀出他們的表情，其中有個孩子更是如此。過去十年來，只要我講超爆笑的「尿尿大便比賽」，都能把孩子們逗笑；還有一個搞笑到宛如特效藥般的「童年黑歷史」（小時候我曾在暗戀的小男生面前打噴嚏，結果吹出了一個黃色鼻水氣球），連無精打采的孩子聽到時也會睜大雙眼。

不過今天就算我說了這些笑話，有個孩子依然沒有太大的反應，始終板著一張臉。隔著口罩看到面無表情的臉龐，我頓時覺得自己十年國小教師資歷也不過如此而已。每當這種時候，我就會若無其事地開始趕課，用力地壓著無辜的粉筆在黑板上寫字。

到了某個週三早上，孩子們要上台報告自己的作文主題，輪到那個孩子時，他興奮地大聲說：「我的第一個願望是擁有『Tomica Lamborghini Aventador LP700-4 的警車』。老師，這是限量版！」我認識他三十天來第一次看到他興奮的表情。

他的眼神就像鑽石般閃亮，我看到他那發光的眼神，就可以知道他有多麼迫切地想要擁有。當然不能錯過這個絕佳時機，我便開始向孩子們提問。

老師：各位，限量版的意義是什麼呢？你們打電動的時候有聽過「rare

item」嗎？rare是「稀有或珍貴」的意思。商人要販售的物品量稱為「供給」，有心想買的人就是「需求」，這麼說來，如果想買的人很多，但物品很稀少，價格會怎麼樣呢？

孩子們：變貴啊！

孩子們：會付更多錢來買。

孩子們：會更想買。

老師：相反地，你們記得幾年前限量販售的餅乾「蜂蜜奶油脆片」嗎？大家都口耳相傳說那個香甜又爽脆的口感是夢幻組合。假設這個餅乾賣太好了，於是公司決定蓋更多工廠來大量生產餅乾，但現在大部分的人都已經嘗過這個餅乾的味道了，社區的超市、便利商店老闆為了吸引更多人買而擺出更多的餅乾，那麼現在價格會變得如何呢？

孩子們：想再吃的人應該會去買。

孩子們：但已經吃過一次了，所以應該不會再買來吃。

老師：沒錯，當生產出的餅乾變多，購買的人卻變少時，物品價格就會下跌，於是就會開始特價。市場價格與販售量是由需求和供給決定，這稱為「供需原理」。

回想在二〇二〇年因疫情而大亂時，藥局前經常大排長龍，大家都等著要買口罩，你記得當時買一個口罩要多少錢嗎？供給量比想買的人的需求少太多，所以政府規定購買口罩的時間和數量。我也曾為了配合規定的時間買口罩而在藥局前排隊，也曾跑遍各家藥局，跑到腳底都流汗了。網路商店的首頁視窗也常常出現口罩缺貨的公告，令人相當無奈。

就像這樣，請多利用日常現象來跟孩子討論價格隨著供需改變的情況，不論是玩具、零食、明星小卡、演唱會周邊、限量版玩具等等，能跟孩子討論的素材無窮無盡。我們體驗到的市場原理大部分的基礎都是供需原理。

✦ 理解「規模經濟」的原理

閱讀習慣再怎麼強調都不為過。在我帶的班級上，每天早上都會有閱讀時間。這十分鐘深入的閱讀，是我身為一個導師，除了稱讚之外，最想帶給孩子們的東西。所以當孩子們讀完一本書，我就會在「閱讀樹」的畫紙上替他們貼上蘋果貼紙。因為將成果視覺化，他們就有動機持續努力。

孩子們會在學期初訂下各自的目標讀書量，為了達成那目標，每天早上都沉浸在書中。在「閱讀樹」畫紙上有二十五顆空蘋果，在這段時間努力集滿這二十五顆蘋果貼紙的孩子，我會大力稱讚他，也會給他能挑選自己喜歡的點心的權利。

在點心當中，小松特別喜歡水果口味的果凍，他問了我好幾次哪裡有賣那種果凍。平常到學校時他都笑笑地跟我打招呼，結果有一天他一反常態，十萬火急地向我跑來，害我不知道要先敲他頭還是要先罵他應該把鞋袋收進鞋櫃裡，他劈頭就問：

小松：老師、老師，你之前買的那個果凍太好吃了，我在附近超市也買來吃了！

老師：是喔！原來附近超市也有賣喔！一包賣多少錢？

小松：一包五百韓元。

老師：這樣啊，我在網路上買一箱，裡面有一百包，總共是兩萬三千八百五十韓元，啊！加上運費三千韓元的話，總共是兩萬六千八百五十韓元。

小松：那這樣一包是多少錢？

老師：兩萬六千八百五十除以一百，所以一包大概兩百七十韓元左右。

小松：天啊！那超市老闆根本是獅子大開口，我以後不會再跟他買了。

小松的臉氣得漲紅，好像快燒起來了，因為買貴了將近兩倍，小松悻悻然地說以後不會再買來吃了，但超市老闆真的獅子大開口嗎？

超市老闆是從南大門市場、東大門市場等批發的大型市場購入商品，然後將每種孩子們喜歡的商品在店裡各放一點點，並標上貴一點的價格出售。這就是「零售業」。

順帶一提，「批發」是指商品或服務的製造業者販售給批發商、零售商的行為，「零售」則是指零售業者與消費者之間的商品販賣交易。其中零售業是指將消費商品以零售價格販售給最終端的一般消費者，以供給為義務的行業。

小松露出火冒三丈的表情問我。

小松：為什麼他要把果凍賣得更貴？

老師：那是要支付他買賣商品時付出的辛勞，這稱為「利潤」。買物品時需要開車運送，所以會花油錢，也花時間，還要花精力挑選，並找出客人會喜歡、能大賣的商品，這些都是算在成本裡。要有利潤才能負擔經營超市時支付的電費、租金、人力成本等等。

小松：不過我買一包就覺得太貴了，以後我不想再買來吃了。

班上的同學聽到我跟小松的對話後，爭先恐後地說出自己的想法。

永哲：我也會去買一百包，然後賣五百韓元。

老師：一次買那麼多的好處是可以用很便宜的價格買到，但如果買太多不必要的東西就會浪費錢，所以買東西時需要思考費用與需求的數量再買喔！

雖然我向孩子們疾呼要聰明消費，但身為國小老師的我也經常無法做到我所教的那樣。最近大型超市的馬芬六個一組，買一送一，這樣換算下來，一個馬芬的價錢不到一千韓元，非常吸引人。我高興地拍手鼓掌，全掃進購物車內，隔天我就開心地哼著歌分送給身邊的人，彷彿我做了什麼了不起的大善事。不過，就算已經送出去很多，餐桌上還是堆滿待解決的馬芬，我只好大口大口地塞到嘴巴裡，暗自後悔以後絕對不要再買。

各位也有像我一樣的經驗嗎？我也沒辦法總是聰明消費，不過我會從經驗中學習。如果平常跟孩子一起逛超市時，他會拜託你買一些東西，那麼就上網搜尋那商品的價格，確認好批發價和零售價，然後再跟孩子討論，是用貴一點的價格買少量比較好，還是用便宜的價格買大量比較好。

在平常習慣的超市裡買少量的東西有什麼優點、到量販店購買又有什麼優點，跟孩子討論這些時，不只會增進對金錢的敏感度，也會拓寬孩子的思考範圍，學習站在賣家的立場思考。而我自己經過一番考慮後決定，保存期限較短的食品到零售商店頻繁購買；像衛生紙、洗衣精之類的生活必需品則是久久一次到量販店購買就好了。

給子女的核心經濟概念第二階段（高手）

✦ 理解「勞動價值」的概念

為了賺取生活所需要的金錢，人們會在考量自己的個性和能力後從事適合的工作，透過經濟活動得到的金錢報酬就稱為「所得」。依據取得方法的不同，所得大致上可分為三類。

「勞動所得」是指隸屬於國家或公司，透過提供勞動力而得到的金錢酬勞，簡單來說就是薪水；「事業所得」是指自己成為老闆，透過經營公司、耕作或經商而賺取的所得；「資本所得」是指透過自己擁有的財產，也就是金融資產、土地或無形資產而得到的所得，如利息和股利等。

父母可以利用勞動所得的概念，建構給孩子零用錢的規則。十幾歲的時候很容易學習賺錢原理，可以透過做家事之類的勞動得到賺錢的經驗。一般來說，我們會把家裡的家事跟零用錢連結起來，但首先需要跟孩子坐下來討論，區分哪些是他可以提供勞力賺取零用錢的家事，哪些是他自己本來就該做好的事。

✦ 區分可以拿零用錢的家事與自己該做的事之範例

自己該做的事	勞動（提供勞動力換取金錢）
整理書桌	資源回收分類
整理床鋪	教弟弟妹妹寫作業（一週三十分鐘）
整理書包	整理鞋櫃
寫作業	晾衣服和收衣服
收拾看完的書	整理從外面買回來的東西
把換下來的衣服丟進洗衣籃	打掃客廳
在吃飯時間幫忙整理餐桌	幫爸媽按摩十分鐘
把自己用過的碗盤放到洗水槽	幫忙去超市買東西

接著再跟孩子討論需要勞動力的事情的難易度，建議按照難易度決定零用錢多寡。學校制定班級規則的時候，如果是讓同學們開會討論後才制定，孩子們會更願意遵守；同理，制定零用錢規則也請跟孩子討論，聊聊看以孩子的角度來說，哪些部份需要耐心、哪些部份很難等等。如果依照事情難易度區分等級來決定零用錢多寡，就能制定確切的零用錢規則。

✦ 制定零用錢金額之範例

勞動（提供勞動力）	難易度	金額
資源回收分類	★★★	300 韓元
教弟弟妹妹寫作業（一週三十分鐘）	★★★★★	1000 韓元
整理鞋櫃	★★	200 韓元
晾衣服和收衣服	★★★	300 韓元
整理從外面買回來的東西	★★★	300 韓元
打掃客廳	★★★	300 韓元

幫爸媽按摩十分鐘	★★★	300 韓元
幫忙去超市買東西	★★★★	500 韓元

為了賺錢，必須支付相對應的代價，講更直接一點，這就是現實。**全世界的富豪們異口同聲地說，童年時期透過勞動賺取報酬的經驗是他們未來成為富翁的原動力。**孩子們透過做家事來賺零用錢的經驗是相當重要的，他們會因此領悟在社會上生存的方法，再加上如果他們能藉此認定父母的辛勞，就是最棒的教育了，只不過有些事情要注意。

第一，當孩子在做家事時，請不要一直碎碎念或批評。就算孩子做的成果不符合自己的標準，也請耐心等待他完成。畢竟我們在孩子這個年紀洗碗時也很難像現在洗得這麼乾淨，對吧？等孩子漸漸長大，就能領悟到什麼是做得好。孩子是不斷累積自己的行動經驗和生活經驗才成為大人的，我們也是這樣。社會上有很多人雖然已經成年了，卻連基本的生活習慣都沒有具備，徒有外表是大人。

第二，請遵守跟孩子之間的約定。

請把孩子透過做家事累積的零用錢在一定的日子支付或即時支付，維持一貫性，他們會從父母身上學到經濟活動裡最重要的「信賴」價值。

為孩子做經濟教育的根本目的，並不是要讓孩子成為有錢人，是要讓他從童年起累積經濟活動的經驗，自己控制金錢來建立正確的金錢觀。

✦ 教導「儲蓄與達成目標」的重要性

班上有個孩子做什麼事都很認真，無論是上台報告還是課堂參與都表現地很積極，不過他今天的表情特別黯淡。我看他在日記裡寫，自己想要購買任天堂的 Switch，現在因為各種原因幾乎很少在戶外活動，他希望能在玩遊戲的同時也得到運動的效果。

老實說，我看完他的說明之後我也很心動。但問題是太貴了，單憑一個月的零用錢根本買不起，我透過他的日記感覺得出他悶悶不樂的，因此我陷入沉思，他想要買任天堂的 Switch，該怎麼做才能達到目標呢？需要存錢！而為了存下足夠的錢，最好也要制定「計畫」。

「我想買的東西價格是十萬韓元，只要每個月存一萬元，十個月後就能買了。」只要像這樣設定好儲蓄目標與計畫，而且每個月按照計畫徹底執行，就能存錢買到想要的東西。但有些人會因為想買的東西太貴了而放棄，如此一來就無法買到想要的東西。父母不妨也坦白地跟孩子們說，目前家裡正在為了買洗衣機、汽車、房子等目標而訂下存錢計畫，如此一來，能讓孩子知道我們全家人都正在一起為了偉大的目標而努力。

我看完他的日記後突然很好奇，於是問孩子們說，「大家的零用錢是誰在管的呢？」班上的孩子們聽到我的疑問後出現各種反應，但出乎我意料的是，許多孩子的零用錢竟然都是家長管的，還有很多孩子連自己有沒有開戶都不知道。

在孩子不太瞭解金錢的年幼時期，普遍會由父母代管金錢，但成為父母的我們實際上也沒有正確學習過該怎麼管理金錢，所以我們會砸錢幫孩子買全套書籍，搬家時也會買新的床或沙發等等，總是不明白為什麼要花大錢的地方那麼多。

錢不該由父母幫忙存，要由子女自己存。就像會賺錢很重要一樣，讓孩子知道「如果懂得存錢，以後也能買很貴重的東西」這概念也很重要，而且在存錢的過程中也能累積資產。但是，光是把錢收起來並不是存錢。如果有個包包收納功能很好，就代表它有很多口袋能放各種東西，同樣的道理，資產管理最好也要依用途區分。

存錢時可以依目的區分帳戶，方法有很多種。以下介紹的方法是大致分為：消費帳戶、夢想帳戶（投資）、捐贈帳戶、黃金鵝帳戶（資產）。

上述帳戶當中，除了黃金鵝帳戶外，消費帳戶、夢想帳戶和捐贈帳戶都建議從小開始利用存錢筒，一邊摸著錢一邊看著錢累積，而非直接把錢存入銀行。可以購買市面上漂亮的存錢筒或是親自動手做，哪種形狀的存錢筒都好，不過要讓錢能在放入之後拿出來。

假設孩子遇到許久未見的爺爺，拿到了三萬韓元的零用金，那麼就可以依照他喜歡的比例將三萬韓元放進這三個帳戶裡，比如說消費帳戶五千韓元、夢想帳戶一萬韓元、捐贈帳戶五千韓元、黃金鵝帳戶一萬韓元。**請向孩子說明各個帳戶的概念，然後讓他自己決定放入各帳戶裡的金額比例，孩子會有自己的原因。**

「消費帳戶」是純粹為消費而建立的，可以買想吃的點心、朋友生日禮物、聊天室的貼圖、禮物卡等等。只有消費帳戶裡的錢能拿來消費，萬一消費帳戶變成零元，絕對不能從其他帳戶拿錢。因為遵守這規定，可能就會出現「我為了能在下個月買朋友的生日禮物，今天必須忍住不吃辣炒年糕」的事情，透過這過程孩子能控制消費，並學會有計畫地消費。

「夢想帳戶」是指為投資使用的帳戶，投資孩子的未來是獲益率超過兩百的驚人投資，夢想帳戶是為孩子的夢想消費和儲蓄。有次我跟班上同學說明夢想帳戶的概念後，鼓勵想嘗試的人做做看，幾天後，我就看到孩子的日記本出現各種內容。

例如有個孩子想成為童話故事作家，所以建立「成為作家」的夢想帳戶。他為了買喜歡的書而把錢存進夢想帳戶，當喜歡的作家出新書時，就能拿夢想帳戶的錢來買；他覺得用鍵盤打字比用鉛筆寫字更有趣，所以為了讓寫文章更方便、更輕鬆，他大膽投資購買最新型的鍵盤；他也想利用夢想帳戶設定具體的階段性目標「參加寫作課程」，然後為此存錢。

所謂夢想帳戶，並不只是建立一個小的存錢筒（帳戶），這是一個開端，也就是說，孩子將會學到如何配合目的存錢並花錢，還會順帶栽培出「為了達成大目標而建立小目標」的能力，這是因為孩子會為了能建立夢想帳戶而開始探索夢想。我發現，就算是沒有具體夢想的孩子，也會開始探索自己有興趣的領域。

設立「捐贈帳戶」的目的是為了讓孩子瞭解到「分享」和「關懷」在社會上的重要性，並且採取實際的行動。國小課程也會透過全球公民教育、人權教育等探討「分享」與「關懷」的重要性。孩子應該聽過世界展望會、聯合國兒童基金會、國際愛護動物基金會等等，可以鼓勵孩子寫信並把一年當中存在捐贈帳戶裡的錢捐給這些機構。孩子將會體會到，任何人都能享受幫助別人的喜悅。

「黃金鵝帳戶」則是為了累積資產而建立的，簡單來說就是為了準備種子基金而存錢。關於黃金鵝帳戶的細節，我會在第三章裡仔細說明。

✦ 掌握「消費習慣」

韓國俗話說「三歲養成的習慣會持續到八十歲」，好習慣會維持終身。透過正確的消費方法學習基礎經濟原理時，其實也能培養金錢習慣，消費的基本原理會連結到所得的基本原理，也就是說，只要扎實地學習正確的消費方法，也能自然地領悟到賺錢的方法。掌握美國金融命脈的猶太人，可是從小就開始有系統地學習如何消費。

父母們可以透過以下四個問題來掌握孩子的消費習慣，以指導孩子正確的消費。

・你知道孩子的消費型態嗎？

大部分的父母都會發給孩子固定金額的零用錢，當然每個孩子花錢的方式都不同，有些孩子是在拿到零用錢的一週內統統花掉，有些孩子是連一毛錢都不會花、全都存起來，有些孩子個性海派，放學後會買冰淇淋或零食請同學吃，有各式各樣的消費型態。你知道孩子現在屬於哪種類型嗎？現在的零用錢還剩下多少呢？

・孩子會先訂計畫再消費嗎？

就像念書、儲蓄要擬訂計畫，消費最好也能事先訂計畫。如果這個月的零用錢是一萬韓元，而第三週星期五剛好有好朋友的生日，所以第一週和第二週要忍耐，不可以買很想吃的果凍，看到冰淇淋店在打折也不能探頭探腦要果斷走掉。你的孩子是訂計畫再消費的嗎？

・孩子會衝動購物嗎？如果會的話，通常一個月有幾次呢？

孩子看吃播影片到一半就說：「媽媽，今天晚餐我要吃辣炒年糕。」我在整理孩子包包的時候發現多了很多之前沒看過的小東西，我問他怎麼會有這些，他說「經過文具店就買了。」連大人偶爾也會因為情緒的因素而衝動購物，更何況是孩子，不過我們需要檢視孩子衝動購物的頻率有多高。

・孩子是先決定預算後再消費的嗎？

我帶孩子一起去挑他要送給朋友的生日禮物，在禮物店裡他細細挑選最適合朋友的東西。當孩子考慮要買朋友喜歡的零食、漂亮的髮夾，還是小巧可愛的原子筆時，請觀察他是否先決定預算再考慮要買什麼。他是否很容易純粹因為喜歡就買下金額高到令人有負擔的物品呢？

難道有錢人會覺得小額費用花起來不痛不癢嗎？事實上很多有錢人在考慮停車費或匯款手續費時會對那一點小錢計較，希望能多省一點錢。他們買東西時也很慎重，而且為了能讓東西用得長久，使用時就會很珍惜。比起搭計程車，他們更常搭 BMW（Bus、Metro、Walk），說他們是透過這種控制消費和省錢的習慣而成為高手並不為過。為了從「鐵公雞」變成「經濟高手」，需要培養正確的消費習慣。

✦ 理解「選擇、決定與機會成本」的意義

到底要吃炸雞好還是披薩好？週五晚上全家人聚在電視前煩惱晚餐，必須要從這兩個當中選一個，這個問題就是經濟教育。你問我，決定晚餐是哪門子的經濟教育啊？選擇和決定是培養正確經濟思維的第一個鈕扣，我們一輩子會經歷許多選擇和決定，每個人選擇的標準都不同，會依據選擇出現不可逆的結果。

日常生活中之所以會出現選擇題，就是因為人所能使用的金錢和資源是有限的。由於這種稀少性，使得我們無法擁有所有想要的東西，因此為了能透過有限金額獲得最大的滿足，我們需要慎重地選擇。慎重的選擇將會成為日後理性選擇的基礎。

為了做出理性的選擇，需要先分析「機會成本」，機會成本是指選擇某個東西而必須放棄的價值。假設我的零用錢是一千韓元，我想要買飲料和冰

淇淋，但無法兩者同時擁有，後來如果選擇冰淇淋，機會成本就是喝飲料時感受到的滿足感。所以消費時，不僅要考慮選擇後得到的東西帶來的期待與滿足感，也要連選擇時放棄的東西的價值也考慮進去。理性的選擇不僅能提高滿足感，也能有效節省金錢和資源。

我們購物的時候會依據很多標準來決定要選哪一個，比較的優先順位可能會是設計、品質、價格或效能。當我們在選擇和決定之後，若自己認為購買到的商品品質、數量相較於價格更好、更多，或是食物味道相較於價格更好時，就會判斷說自己做出對的選擇，也會在花錢後得到「錢花得好」的滿足感。

最近常常提到「性價比（俗稱CP值）」，光是在搜尋欄打上關鍵字，就會看到許多相關的搜尋詞：CP值高的筆電、CP值高的包包，甚至在旅遊旺季還會有很多「CP值高的別墅」之類的推薦詞彙。性價比對我們的生活來說就是這麼重要。

「性價比」是「性能相較於價格」的簡稱，意思是說，某個項目或產品相對於市場決定的價格，可期待的性能或效果的程度。如果兩個物品品質類似，但有一個便宜一點點；或是兩個物品價格一樣，其中卻有一個能帶來更大的滿足感，人們就會更願意尋找這種商品，這種商品也會引起更多人的關注。最近人們甚至重視心理的滿足感，所以不只性價比，還出現「心價比」這樣的說法。

利用性價比或心價比來挑選讓人更滿意的商品的購物模式雖然很好，但也要配合各自的狀況理性消費。大人和小孩都是透過選擇得到滿足，如果從小就練習有意識地計算機會成本後再做選擇，那麼就能訓練自己有意識地主導自己的人生。

給子女的核心經濟概念第三階段（達人）

✦理解「信用卡」的概念

各位知道在扮家家酒的玩具當中，出現了刷卡功能的刷卡機嗎？孩子們在遊戲間玩超商遊戲時，還真的會裝出刷信用卡的樣子，這跟以前童年只有玩具銅板、玩具鈔的時代非常不同。現在，只要有一張四方形的扁平塑膠信用卡，就能買到各種東西。

孩子是怎麼看待這一張卡？覺得信用卡是怎麼發揮金錢功能的呢？我詢問班上的孩子們，信用卡是用什麼原理買到東西的，全班大概只有五個人回答得出來。我們在孩子面前不加掩飾地使用信用卡，但如果我們的孩子在不瞭解信用卡的概念與結帳原理的情況下變成了大人，那會怎麼樣呢？光想就覺得頭皮發麻。

在經濟運作當中，「信用」是展現出未來會支付交易商品的金額的能力。也就是說，銀行相信我的能力而答應先借我錢，是在這種信賴關係之上才會出現信用卡；說得更具體一點，信用卡是先花錢，然後必須在約定的日期償還的債務。如果沒有在約定的時間內償還，就可能會變成信用不良的人；萬一變成信用不良的人，以後金融交易就會變得困難；要是沒辦法做成金融交易，生活就會變得困難，因為我們的生活跟金融已經緊密地連結在一起。不只是無法使用信用卡，在需要大筆金錢的時候也會很難貸款，甚至連要用自己的名字開戶都有困難。所以，不要隨便花錢，應該要理性且有計畫性消費。

假設你把車子借給朋友，但朋友卻沒有在說好要歸還的日子還你，還繼續拖延，這樣你會怎麼想呢？你會生氣，也會失去對他的信任吧！銀行也是一樣，對於曾經有紀錄沒有按時還錢的人，銀行不會再借錢給他。

「信用評分」就是用來表現一個人還錢的可信賴度的數值。以前是將信用分等級，以級別來評估，但韓國從二〇二一年起將信用的評比改為分數。會改變先前的信用等級制，是因為之前信用等級太低的人都會統一被拒絕貸款，因此才改善這慣例，提高貸款便利性。以信用等級制來說，同一個等級起碼有三百萬人，最多可能達到一千萬人，用這樣方式將民眾分成十個大範圍，就會遇到界限，無法細膩地反映每個人的信用狀況；也就是說，有人可能只跟上一個層級的人相差幾個小數點，卻被列為下一個層級，對當事者來說這樣的分級非常不利。

信用評分是由信用評估機構（韓國如NICE、KCB；美國如Experian、Credit Karma；台灣則是JCIC）依據信用卡交易時是否有遲繳、遲繳金額、遲繳期間、是否有多重債務等標準計算出來的（分數範圍與代表意義各不相同：韓國是零分至一千分；美國是三百至八百五十分；台灣是二百至八百分）。包含健保費、水費、電費、瓦斯費、電話費等等每個月的各種結算款項絕對不能遲繳，千萬不要輕忽欠繳這種不起眼的小額費用。

除了信用卡之外，使用簽帳卡也要留下沒有遲繳的好紀錄（簽帳卡Charge Card，由美國運通發行，額度很高或沒有額度限制，帳單出來就要全額繳清）。透過網路或電話接到貸款的推銷、現金借款的推銷時也要慎重判斷。如果信用評分很低，就無法跟銀行借錢，也無法申辦信用卡。如果某一天你真的有很重要的事必須貸款，卻因為平常信用評分過低而無法借款，這樣會有多悲哀呢？信用狀態要好，借款利率才會低，還款也才會輕鬆，所以平常好好維持信用評分非常重要。

金融專家說，存種子基金時最大的原則就是不要使用信用卡。刷信用卡時可能會超出收入範圍，因為是以先花錢再償還的方式，所以很難控制。但有人一想到信用卡的優惠和點數就會有種錯覺，好像刷信用卡的好處比較多，但如果在無法控制慾望和衝動的情況下拚命刷卡，一不小心就會變成「一天統統花完」的消費方式。

民燦：俊民，今天你想吃什麼我請你，媽媽今天把她的卡給我了。

俊民：什麼？所以你今天會當我的神燈精靈嗎？

民燦：我看媽媽結帳的時候都直接刷就把東西拿走了。

俊民：那些到最後都是要還的錢啦！簡單來說，就是賒帳，是跟銀行說「我以後會還錢」。只不過現在沒有從錢包裡面拿錢出來而已，那是一直在花未來的錢啦！

民燦：蛤？是喔！這樣說起來，除了你之外，我已經請其他同學好幾次了耶……全部加起來不知道花了多少？

俊民：你完蛋了，今天就用我的錢買吧！以後你不要再拿媽媽的卡了。

民燦：唉唷，知道了，你才是我的好朋友耶！

✦理解「資本所得」的原理

資本所得也稱為資產所得，是指把我擁有的資產借給他人使用，藉此收取所得作為報酬，包含租賃所得、利息所得、股利所得、年金收入、商標使用費、版稅等等費用。

「租賃所得」是指出租房子、建築物、土地、機器設備等各種資產而獲取的所得。舉個簡單的例子，在韓國如果你有一間公寓，可以用兩種方式出租：「傳貰」是指在簽約期間收取高額的押金，不收每個月租金；「月貰」是收取一筆較低的押金，每個月也收取租金。

「利息所得」是指透過存款或債券等方式獲得的利息收益，還有借錢給其他人或事業體後獲得的利息收入。通常是指銀行，但個人也可能會像銀行那樣出借大筆資金給其他人或事業體而獲得利息。

「股利所得」是看到某間公司未來發展可能性而投資，如果獲利了，就會得到公司承諾的一定比例的股利，以此獲得收益。

最後是商標使用費、版稅等各種使用費。這種所得是將自己的經驗或故事以紙本或電子的形式出刊，或是以圖片、音樂之類的藝術創作形式發行，其他人使用這些有專利或有著作權的資料時就必須支付報酬。

為什麼要讓孩子理解除了領薪水之外還有其他各種賺錢方式呢？這好比到了充滿美食的吃到飽餐廳，孩子卻認為平常常吃的飯捲最好吃而只拿飯捲，於是你把孩子帶到牛排、甜點區走走，讓他知道世界還有多種新奇美味的食物。同理，經濟活動也有各種方式，瞭解這些也能獲得趣味和益處。

小栗：媽媽，我一定要工作才能賺錢嗎？

媽媽：沒有啊，除了隸屬於一間公司透過工作賺取勞動所得之外，還有其他方法。

小栗：要怎麼做？

媽媽：如果小栗投資你喜歡的動畫公司，而那公司賺錢了，你就能得到股利所得；如果你把你的經驗寫成書、拍成影片、做成音樂讓許多人看到、聽到，就能拿到版權費。啊，對了！你從五歲時開始存的兒童帳戶裡面也有利息啊！那也是所得。

小栗：哇！原來有這麼多方式可以賺錢。

媽媽：對啊，這社會上有很多種經濟活動，除了勞動所得之外，你也可以發揮你的專長，用不同的方式賺取金錢。

✦理解「利息與貸款」的概念

「老師，讓錢滾錢是什麼意思？前幾天媽媽和朋友聊天時說了這個。」

有些孩子會豎起耳朵，特別注意聽大人間的談話。這個孩子就是這樣，他對於社會局勢的起伏非常感興趣。我便趁機對他說明利息的概念。

錢沒有生命，怎麼能滾錢呢？如果要讓錢滾錢，並不是把錢放進飼養箱，而是要放在銀行裡面養大。我們把錢存在銀行裡後，除了我們本來的錢之外，銀行未來還會給我們更多錢，這多出來的錢就是「利息」，利息取決於我們存多少錢、利率多少、存多久。我們存進的總金額稱為本金，而本金乘以利率就是利息。

利息＝本金×利率

存越多錢，本金就會越多；利率越高，利息就會越多。各國的央行會依據經濟狀況調高或降低利率，不過，為什麼銀行會給我們利率呢？

當我們把錢存到銀行，或其他人把錢存到銀行後，銀行不會只是像倉庫一樣保管那些錢。社會上有些人要買房子，但是錢不夠；有些人想要做生意，但資金不夠，於是他們就會跟銀行借錢。像這樣把別人存的錢借給需要錢的人就是「貸款」。銀行在放貸的同時也會收取代價。如果跟銀行借了錢，那麼到了約定要還錢的日子，除了原本借的本金之外還要加上利息，所以利息可說是借錢給別人的當事人得到的報酬。

銀行借錢給別人的時候會慎重評估，檢視那個人的各個條件，包含能不能償還本金和利息。由此可知，金融交易的基礎就是信任與信賴，從小重視小的約定並徹底遵守，就是在訓練自己成為大人。

前面在說明信用卡的概念時已經提過，為了提升信用評分，重點是不要遲繳費用。不遲繳跟不過度借貸一樣重要。要設定配合自己財務狀況的適當債務，再衡量借貸規模，假設我的年所得是四千萬韓元，卻借了七千萬韓元，貸款金額就超過我的所得，增加遲繳的可能性，生活勢必會因為要償還利息和本金而變得困難。

如果有貸款，償還的順序也很重要，第一，最好能從最早的貸款開始還；第二，從利息高的開始還；第三，要依照金額大小償還，這樣就能提升信用分數，降低貸款帶來的家庭財務負擔。

有個好方法能讓孩子從小開始練習處理借貸，那就是跟圖書館借書。一個人能跟圖書館借的書籍數量是有限的，還書期限也已經規定好了，可以把能借閱的書籍數量替換成貸款額度，該還書的日子替換成還款期限，以這樣的方式去思考。

假設孩子很貪心，想看的書超過一人借閱的上限，甚至動用家庭借閱證借了二十本，那麼他就無法在兩週的借閱期限內讀完，結果就無法配合期限還書。此外，他也可能會因為天氣太冷、功課太多等理由而一再拖延還書，到最後已經逾期了好幾天，他才在某天夜深的時候投入還書箱。這種拖延習慣會延伸到與金錢有關的約定。請試著跟子女一起進圖書館的官網查詢最近一個月的借閱紀錄，如果常常逾期，就要叮嚀他，就算是小約定也要配合期限，這是很重要的。請讓他反覆練習在期限內歸還、不逾期的習慣。

✦理解「折舊與回收」的原理

你是否有跟孩子在二手市集購買或販售物品的經驗　○／×

你是否有跟孩子在二手書店購買或販售書籍的經驗　○／×

如果上述兩題都回答○，那建議你要跟孩子好好說明「折舊」與「回收」的原理。所謂折舊是指，購買的商品價值不會永遠維持不變，而是會隨著時間的流逝逐漸降低。

我孩子某個朋友的媽媽說，他孩子很小的時候下定決心要觀察大自然而花五十萬韓元買了一整套自然叢書，孩子以為自己會常常拿出來看，結果幾年來一直都放在書架上，連一次都沒翻過，之後孩子長大就把這套書拿去賣，書本明明沒有讀過的痕跡卻賣不到十萬韓元。也就是說，所有的物品從購入的那刻起就開始折舊了，說不定你到孩子房間環視一圈也會發現連包裝都沒拆的玩具，或是家裡已經有某件T恤卻重複購買。

瀏覽二手物品交易平台時，會看到各種應該是充滿回憶的珍貴物品，卻以驚人的低價出售，當初肯定是砸不少錢買的。物品從買入的那刻起價格就開始跌落，等到轉賣時，價格已經比購買時低很多了。若理解這點，就會克制自己在衝動下購物。原本孩子看到新玩具推出就會纏著父母買，當他瞭解折舊後，至少會考慮一次後再買。如果你從來沒嘗試過二手物品交易平台，那麼我建議你至少跟孩子一起體驗一次看看。目的當然是教育。

只要拍下沒有在使用的物品的詳細照片，然後在二手物品交易平台上寫出簡單的介紹就行了，非常方便。價格也可以自己決定，如果想要趕快出售，可以開出很低的價格；如果希望以理想價格賣出，等久一點也無妨。還可以利用平台的聊天功能觀察買家的購買意願或商議價格。詳細內容會在第四章中探討。

把在二手市場交易賺取的現金拿去購買想看的二手書，這也是一種回收的方法，但如果想透過儲蓄累積資產，就建議存在夢想帳戶或黃金鵝帳戶。當你跟孩子一起擁有這種體驗，就能養成克制衝動購物的習慣，也能更進一步理解節約與物質循環。

✦理解「共享經濟」的概念

許多人一起使用同一個東西就稱為「共享」。在班上，同學們上課時會一起使用剪刀和膠水等物，孩子們用完這些物品後會放回原本的地方。瞭解到教室共享的物品後，再來拓寬視角，跟孩子一起觀察日常生活當中有哪些東西是一起共享的。

共享經濟包括：共享單車（如首爾 Ddareungi、台北 Ubike）、共享汽車（如韓國 Socar）、共享山泉水、共享圖書館的書、共享投幣式洗衣機、共享玩具等等，近幾年來各種形式的共享平台如雨後春筍般出現。以我們家情況做舉例，在孩子還小的時候，我雖然明知他們需要玩具，但每當我要花錢買用不久的玩具時就覺得很有壓力，後來知道幼兒綜合資源中心有提供「兒童玩具租借服務（玩具圖書館）」，只要付費就能把喜歡的玩具租回家一段期間，我便開始善加利用這些服務。而且中心還設有「珍愛兒童樂園」，只要預約好使用日期和時間就能入場。

我去過的珍愛兒童樂園不亞於親子餐廳，遊樂園會搭配主題布置得五彩繽紛，而且擺滿各種玩具，可以滿足從嬰兒到幼兒各年齡層的五感體驗。孩子們拿到新玩具後也會盡情玩樂，非常幸福。相較於每天只能在家裡玩同樣的玩具，這裡就像天堂。（建議各位不妨試著上網搜尋現居地附近，看看是否也有類似的機構、尋找相關資源。）

最近，共享經濟也是消費的趨勢，共享的內容不只有物質還有空間，共享辦公室、Airbnb、Share House 都是具代表性的例子。而且除了分享物品和空間之外，共享經濟還進一步擴張到分享能力與智慧財產權的領域。以韓國為例，職涯導師「itdaa」（www.itdaa.net）為不知道該怎麼準備就業而感到茫然無助的待業者，在線上找尋各個行業、各種職務的導師幫忙媒合，也提供諮詢和建議；「Wisdome」則是讓每個人能在網路上與他人分享各自的生活經驗、資訊、故事和人生智慧，也幫忙牽線，讓大家彼此認識。看到這社會已經連能力、生活的智慧都能分享，非常令人驚訝。

除了免費形式，共享單車、Airbnb 等則是透過支付一定金額來租借，我家前面也出現共享停車場的服務，這些方法都是將不常用的物品或空間租賃出去，以此獲得收益。

共享經濟可說是跟以前截然不同的消費型態，變化速度非常快。儘管現代人的消費力因經濟停滯的餘波而減弱，但共享經濟包含了保護環境和資源永續的概念，所以正快速地擴散到各領域產業，連各個公司也開始投資共享企業或擴張共享服務。

✦ 理解「外包」的概念

現在的工作是否太多，使你難以專注在重要的事情上呢？如果為了要專注在重要的事情上，而必須將其他次要的事交託給值得信任的人，那麼你想交託哪些事情呢？如果你需要支付交託事情的酬勞，那麼你會給多少呢？這個概念就是「外包」。上述這些問題，我也同樣問過孩子們，首先我是這樣介紹外包含義的。

老師：所謂外包是指，為了提升某件工作（業務）的效率而將部分事情交給第三者。各位如果為了要專心讀書而把事情交給其他人（機器人）做，那麼你們想交出什麼事情呢？你們願意付多少錢呢？說說看為什麼會這樣決定。不過，不能叫那個人（機器人）代替你讀書喔！

孩子們開心地說出自己的想法，包含澆花、餵蝸牛、整理房間、陪弟弟妹妹玩、照顧弟弟妹妹等等，有的還希望有人可以在早上幫忙挑選衣服。

老師：那麼，各位覺得別人幫忙做這件事一次值多少錢呢？請以各位目前能花費的零用錢範圍思考看看。

多彬：雖然我很珍惜蝸牛、很愛蝸牛，但有時候我會忘記按時餵飼料。如果有人能幫我按時餵飼料，我一天會給他五百韓元。

夏妍：我可以付一千韓元，因為我覺得整理房間好煩、好累，如果有人願意幫我做，我覺得給一千韓元也沒問題。

秀珍：每天早上煩惱要穿什麼真的很頭痛，有一次我還想了超過二十分鐘。如果有人可以挑選出我喜歡的搭配，我可以給他一千韓元。

但如果每天都要付就太多了，所以我希望一週大概兩次左右。

孩子們七嘴八舌地討論各種狀況，我靜靜聽他們說話，一方面覺得有趣，一方面也學到很多：第一，他們都為自己覺得重要的事情訂出優先順序；第二，外包的費用。舉例來說，有人說每天早上願意付一千韓元請別人幫忙決定穿著，但有人覺得太貴了，應該要思考更合理的價格。

在新常態的時代（The New Normal，指後疫情時代），進行重要的業務時，不會由同一個人或同一間公司從頭到尾包辦，而是讓主要策劃者或執行者集中心力在該專注的事情上，其他的則委託專家，這樣才能讓經濟效益極大化。宣傳業務交給廣告代理商、稅務業務交給會計師等等，藉此等於是讓選擇與專注的效果達到極大。

像這樣讓孩子思考外包非常有意義，可以說是事先練習站上團隊的領導者或企業家的位置來思考。

✦ 理解「不動產的價值與投資」

在現今時代，住處被視為經濟能力的表現，很容易在無意識中變成被歧視或誇耀的條件。但其實居住的房子是買的還是租的，只不過是方式的差別，無法成為經濟條件好壞的標準，如果不希望這種風氣持續下去，至少做父母的人應該要透過教育矯正。大人應該要透過正確的不動產價值教育，讓孩子們屏棄將不動產視為經濟地位的象徵。

首先要讓孩子理解不動產是什麼概念，再者，不動產會依據種類和使用型態而決定簽約方式，最後要讓孩子將不動產跟生活型態連結，甚至更全面地理解居住的多種可能性，並抱持尊重的態度。

第一，請配合孩子的程度說明何謂不動產。

「不動產」是指無法移動的財產，也就是土地或建築物；「動產」是指能移動的財產，汽車、飛機或船等等的東西稱為動產。證明自己擁有無法移動的財產的方式稱為「登記」。你有玩過占地遊戲嗎？當我把石頭丟到數字方格內，石頭所在的那一格就變成我的土地，那麼之後我就可以雙腳站在那裡休息再前進，而其他人則不能隨便踩入我的土地。（原本的遊戲規則是每一格都要單腳跳躍，但變成自己的土地後，就可以雙腳站立休息。）同樣的道理，如果沒有不動產主人的允許，就不能隨便使用或居住。

前面提過需求和供給的原理，不動產的價格也會隨著供需原理而改變。假設有個地方，交通方便，教育設施完善，旁邊有公園可以去散步或運動，附近還有醫院，也有許多不錯的商店，那麼大家都會想住在那裡，如果還是新蓋的大樓就更好了。也就是說，房價會隨著附近環境或條件而改變。

如果擁有這種絕佳環境的房子只有幾處，那麼就會因為想住在那裡的人很多、屋數很少，導致價格上升。如果想買房子的人很多，房子的供給卻很少，大家覺得相當不便，那麼附近就會開始蓋很多房子，等之後供給增加，價格就會稍微降低。

第二，請告訴他不動產的簽約方式。

購買或使用不動產需要「簽約」，而根據出租人和承租人的租賃方式是傳貰還是月貰也需要簽不同的契約。（在韓國租房子分兩種形式，傳貰是指承租人交付一定金額給出租人後，即可在合約期間內借用；月貰則是承租人給出租人一筆押金後，每個月還要支付固定金額。由於月貰支付的金額相對於傳貰較少，所以手邊沒有大筆資金的人會選擇押金較少的月貰，之後每個月再支付租金。）買房子和租房子各有其優缺點，所以要教導孩子，最好能配合當下自身的情況做出理性且有彈性的選擇。

孩子們從小開始就會夢想著自己的家，當孩子用小手在素描本上畫出家人時，接著就會畫出房子。只要是人都會夢想著擁有一個溫暖又安心的小窩。不過，房屋的外型並不會全都一模一樣。請讓孩子知道，就像世界上有各式各樣的人，也有各式各樣的房子，還有很多種使用房子的方式。不僅要讓孩子培養出綜合性思維，思考符合自己生活型態的居住環境再選擇，還要更進一步培養出尊重多樣性的態度。

✦ 理解「股票與分紅」的概念

「我的夢想是創立以我的名字命名的主題公園、超市、餐廳。如果有很多錢，就能輕輕鬆鬆創立公司，不需要煩惱太多。我需要買製造物品的材料，也要付錢給一起工作的同事，還需要經營公司的空間。哇！我該怎麼創立一間公司呢？」這是幾年前我教過的某位學生寫在日記裡的一段話，他現在應該已經是個高中生了，不知道他是否還擁有這個夢想。

該怎麼解決這個孩子的煩惱呢？他可以透過賣股票募集到創立公司和經營公司需要的錢。微軟的比爾・蓋茲、阿里巴巴的馬雲、臉書的馬克・祖克伯……都是因為許多人信賴他們的能力而投資他們，才能創立公司。

為了讓班上學生認識並理解股票的概念，我配合孩子們的程度，用以下的方式說明。

在民：老師，股票是什麼？為什麼股票會上上下下的？

老師：原來你對股票有興趣啊？這樣說吧！公司，就是賣人們需要的東西來賺錢，他們承諾說賺錢後會把一部分的收益分出去，然後販售這個承諾，這就是「股票」。像這樣募集很多人的錢來開的公司就是「股票公司」。

在民：股票是在哪裡買的？

老師：一般商品是在市場或商店進行買賣，股票則是在「股票市場」買賣，股票市場可以說是買賣「賺錢之後會分一部分的錢的承諾」的地方。如果公司賺很多錢，可以分的收益會增加，股價就會因此上升；相反地，如果公司賺不到錢，收益減少，股價就會下降，因而造成損失。

在民：如真常常炫耀說自己是「股東」，股東是什麼？

老師：買股票的人就是股東。公司賣股票的目的是要拿到許多人的錢。股票公司就是把許多人看到股票價值後投資的錢收集起來經營的，所以公司要做出重大決定時必須詢問股東的意見。那個決定可能會讓股東投資的金錢增加，也可能會損失，所以公司老闆無法自己做出重大決定。像這樣聚集股東開會就稱為「股東大會」。

在民：喔～所以如真才說她去參加股東大會，原來她是去開會啊。難怪看起來這麼厲害。嗯，那我也要趁這個機會變成股東！

變成股東並不單單是買了股票，而是意味著成為一家公司的主人，在公司的經營方面有話語權，所以當上股東後，看到公司成長就會感受到無比的喜悅。不過，還是有些部分要注意。

投資股票必須要慎重。股票是承諾，也就是公司賺很多錢之後會分出一部分的承諾，所以如果公司虧損，我的資產就會減少。這跟儲蓄不一樣，投資的錢，也就是本金並沒有得到保障。如果自己投資了所有的財產或是借錢投資，萬一投資的公司經營狀況不佳，一不小心就會有龐大的損失。所以為了能聰明投資，建議用閒錢投資，這樣就算失去本金後還是能維持生活，不會有太大的困難。投資股票雖然能獲得比儲蓄更多的收益，但也有很多危險因子，所以重點是要仔細瞭解投資商品後再慎重地判斷。

如果想要開始跟孩子聊股票，可以先瞭解孩子喜歡的東西和所屬製造公

✦ 觀察孩子平常感興趣的產品名稱與製造公司之範例

類型	孩子喜歡的東西	製造公司
零食	韓國 Pocky	樂天製菓
玩具	魔車戰神	孫悟空
食品	金拉麵	不倒翁
電影	冰雪奇緣	迪士尼
藝人	Aespa	SM 娛樂
電子產品	Apple Watch	Apple

司。試著回想在生活中經常接觸的零食、玩具、遊戲等等，並寫出是哪些公司製造的。

接著在股票市場上搜尋公司名稱，在入口網站上輸入「公司名稱＋股票（如：迪士尼股票）」就會出現證券資訊，請仔細看公司股價，也就是承諾的價值，也看看公司成長到何種程度。請跟孩子一起觀察這些公司今年營業額達到多少，然後評估這間公司是否會隨著孩子成長而逐漸成長。

更進一步，你可以這樣跟孩子說：

如果要開公司，你想要賣什麼？

公司要取什麼名稱？

你想跟誰一起工作？想跟怎麼樣的人一起合作？

要不要試著設計公司的商標？可以參考身邊的各種產品來獲取靈感。

Part 3

培養孩子十一種理財習慣與思維，開啟富裕未來

培養「聰明消費」習慣——教孩子分辨理性消費vs不理性消費

如果希望孩子以後獲得財富自由，就要從小開始培養良好的經濟思維與金錢觀。一旦擁有良好的用錢習慣，孩子花錢時就會把自己當成金錢的主人，也會做出有建設性的計畫。雖然我們很期待那一天早日到來，但要是沒有從現在開始逐漸培養習慣，這些期待就很容易淪為白日夢。當然無法只憑一個技術就打倒大魔王，想將孩子栽培成理財高手，我們需要幫助他儲備各種技能。

首先，錢應該要好好使用。所謂好好使用是指，既然要消費就要有智慧的消費。擁有一套標準、計算機會成本後聰明地花錢，就是理性消費；反之則是不理性消費。以下四種情況皆為不理性消費，請和孩子一起討論，讓孩子懂得分辨理性消費與不理性消費的區別。

▪ 過度消費

花的錢（消費）比擁有的錢（財產）或賺來的錢（所得）多上許多，就稱為「過度消費」。如果過度消費，就缺少足夠的錢購買需要的物品，導致後來因為急用而提前花掉未來將賺得的錢，形成惡性循環。如果孩子常常說零用錢不夠用，就需要花時間跟他一起討論他是否過度消費。

不過，花很多錢不代表就都是過度消費。假設每天拿到一百韓元零用錢的小孩，某天買了一萬韓元的零食來吃，很難確定這是過度消費；但每個月零用錢一萬韓元的學生，一次買了五千韓元的零食來吃，就屬於過度消費。

請試著跟孩子討論過度消費的概念，然後檢視消費習慣。可以問孩子是否記得上個月拿零用錢買了哪些東西？可能是買 Pocky、送朋友生日禮物、買鬥片等等。並一起計算花了多少錢，如果消費明細中有過度消費的部分，他覺得會是哪一項。

孩子的回答：我一週的零用錢是三千韓元，我一拿到錢就跟朋友去買餅乾和飲料，瞬間就花完了，結果其他天因為沒辦法買想吃的零食而懊悔。因為我一次用掉一週的零用錢，我覺得這是過度消費。

‧衝動消費

孩子偶然間走進文具店，結果買了一堆原本沒有計畫要買的東西，還忘記本來要買的筆記本，這種消費型態稱為「衝動消費」，因為花錢買了原本沒有計畫要買的東西，以致於要買非買不可的東西時，錢就不夠了。

如果想避免衝動消費，有一個好方法就是在購物前仔細思考非買不可的東西，然後在購物時帶著購買清單，上面只寫需要的東西。

請跟孩子聊聊看，零用錢消費明細中是否有衝動之下購買的東西。

孩子的回答：我跟好朋友在上週末一起去吃了漢堡，然後拍拍貼機。這是我們升上四年級後，第一次兩個人單獨出去玩，我真的非常興奮。拍貼機店的隔壁剛好是飾品店，我們就進去逛了一下，裡面的髮夾、手環都超漂亮的！我看到朋友買的東西，覺得好有吸引力，於是也買了同樣的東西。開開心心地回家後，發現房間竟然有一堆同樣款式的髮夾。我才知道自己一時興起而在衝動之下購物，我非常後悔。

・炫耀消費

「炫耀消費」是指為了向別人炫耀而購買不合自己所得水準的昂貴物品。小朋友有沒有曾為了在朋友面前看起來很酷炫，而拜託家長購買名牌衣服、名牌鞋子或是昂貴的文具？每個人都會有想炫耀的慾望，但如果要養成聰明的消費習慣，最好能克制炫耀消費。

為了避免炫耀消費，需要理性思考，比較產品的品質與價格後，選出性價比高的物品。請觀察孩子的零用錢消費明細，跟孩子聊聊看，他是否也有炫耀消費的行為。

> 孩子的回答：終於到了我生日這天，媽媽帶我去買智慧型手機，我一直纏著媽媽幫我買最新款的手機，因為我想要拿新手機跟朋友炫耀。一想到當我拿著閃閃發亮的手機時也會變得閃亮，就非常期待。媽媽說我選的那款太貴了，叫我看別支手機，我也不自覺地開始對媽媽發脾氣，後來媽媽拗不過我，就買了我選的手機。在我買了新手機的第一天，我拿給朋友們看，開心得不得了，但是隔天卻跟平常沒什麼差別，我的心情也沒有變得更好，所以我很後悔買了這麼貴的。

‧模仿消費

看到別人買的新產品之後，也去買一模一樣的，這種消費稱為「模仿消費」。人們之所以會模仿消費，是因為覺得跟自己喜歡的人買一樣的東西似乎是個正確的選擇，有種安心的感覺。當紅藝人或網紅拿的包包或配戴的首飾，常常在隔天就完全銷售一空，就是典型的例子。冬天時國小高年級生大部分都穿著同樣品牌的外套，也是一種模仿消費的例子。

高年級生特別常出現模仿消費的行為，因為依據兒童發展特徵，國小高年級時期會開始選擇交友關係，發展團體意識，群體歸屬感很強。買東西時雖然價格和品質很重要，但他們消費的目的更著重在跟朋友買一樣的東西。如果理解孩子們是透過這種消費行為得到「自己是屬於同儕團體」的安全感，就不會太慌張。

但這不代表孩子提出要求時就要統統答應。當孩子出現模仿消費的行為，建議先理解他的心理，透過對話找出折衷方案。

孩子的回答：我跟媽媽吵架了，因為我想買流行品牌的厚外套，但媽媽一直說那太貴了。我原本想把五年級時穿過的外套拿出來穿，但不知道為什麼看起來就很俗。我的朋友小英昨天也穿新的外套來上學，同班的小莊、小永也穿那個牌子的外套。因為只有我沒有那個牌子的外套，總覺得我好像被排擠。老實說一件要五十萬韓元，真的有點貴，但我還是希望能趕快穿到。

孩子都很清楚過度消費、衝動消費、炫耀消費、模仿消費全都不理性，但在事發當下還是很難每次都做出理性的選擇。請多觀察孩子的平常生活或消費型態是否有跟上述案例雷同的地方。孩子不理性消費時，一定有他的理由和原因，請站在孩子的立場聽他說話，然後再試著提出建議，一起討論該怎麼做才能減少不理性的思考，達到理性消費。

培養「儲蓄」習慣
——孩子覺得存小錢沒有用，該怎麼鼓勵他？

你曾經減肥成功過嗎？大部分人在訂下減肥目標後，都能在二週左右減掉一兩公斤，不過從那之後就會變得很困難，會非常討厭體重計上的數字，因為那數字就像刻在體重計上一樣，一丁點改變都沒有。明明吃得很少、動得很多，體重卻沒有繼續往下掉。再這樣下去，恐怕要咬牙忍受削骨的痛苦，體重才會下降吧。所以一般人到這種時候通常都會放棄，問自己「體重有那麼重要嗎？」然後叫炸雞來吃。

儲蓄也像減肥那樣會遇到停滯甚至回彈，當然每個人情況各有不同，但我經常看到很多人明明很順利地存到某個金額，但就在快達到目標金額時，突然發生一定要花錢的事情。大人都這樣了，更何況是小孩子呢？

小孩子要花錢的地方也很多。他們都有各自的理由，就像大人也有非花錢不可的理由一樣。不過，小孩子還沒有過辛苦賺錢的經驗，所以會很輕易地開口跟父母要錢。在我擔任高年級班導時，常常在孩子們的日記或報告中看到這種想法。

「等我變成大人之後，至少要 FLEX 一次。」

「FLEX」這英文單字的原意是「彎曲、暖身」，但現在被衍伸成炫耀財力或貴重物品的行為，主要是十幾、二十歲的年輕人在使用。聽說由來是一九九〇年代嘻哈文化裡饒舌歌手炫耀自己的財力或名牌的行為。最近在孩子們身上很容易看到這種現象，因為他們常常在 YouTube 或綜藝節目裡看到他們喜歡的藝人或 YouTuber 炫耀名牌或住在豪華房屋內。各種傳播媒體都在孩子腦中植入「消費是最棒的美德」。

我想先表明我對儲蓄的看法：存錢就是積沙成塔。**就算是小錢，依然在忍耐和節制的基礎上培養持續存錢的習慣，這就是經濟習慣的根本。**其實就算是小錢，只要長時間充分利用讓錢滾錢的複利效果，依然能形成一筆可觀的金錢。忍耐和節制不僅僅是經濟習慣，也是生活時絕對需要的態度。

該怎麼告訴孩子存錢的重要與必要性呢？要有什麼動機，才能引導孩子擺脫想消費的慾望，轉向想要存錢的目標呢？

在上班族當中流傳著一種名為「拿鐵因子」的投資方法——如果省下每天喝一杯四千韓元的拿鐵的錢，一個月就能存到十二萬韓元。這個道理要怎麼運用在孩子身上呢？換個名字改成「辣炒年糕因子」好了！計算看看，如果省下每天放學習慣買辣炒年糕來吃的錢，十年後能存到多少錢？時間的威力是小額儲蓄的孩子能相信的最強工具。請觀察孩子平日是否有固定消費某些東西（零食、扭蛋、鬥片、貼紙、手機貼圖、電玩配件）？請跟孩子討論看看那是什麼。

如果孩子每天都會在校門口前的文具店轉扭蛋，那麼平均一天會花五百韓元，單看一天會覺得錢很少，但如果他持續從小一到小六每天放學後都去文具店轉扭蛋，那麼大約就是一百九十天×六年×五百韓元＝五十七萬韓元。只是每天轉扭蛋而已，花的錢都可以買一台平板電腦了。已過的時光無法倒轉，只能徒增後悔而已。

當孩子瞭解到習慣消費的可怕後，接下來就要幫助他開始培養願意一點一滴儲蓄的念頭。不過，孩子可能會覺得自己還沒有能力一個人存錢。最近的小孩如果不是存一萬、兩萬韓元這種大錢，而是一週存一千、兩千韓元，就會反問要存到何年何月才能存到一大筆錢。可是如果有人陪他一起存，就會覺得同心協力比較能做到。

孩子與父母可以訂個共同的儲蓄目標，然後一起努力。父母要和孩子一起執行任務，一邊彼此鼓勵打氣，一邊持續養成存錢的習慣。假如孩子的夢想是成為一名運動選手，那麼當前目標就是培養出強健的體魄。為了培養強健的體魄，請跟孩子討論並選出他想學習的運動項目。如果他想學游泳，就要計算游泳課程的預算，其中包括游泳課需要的物品的費用、課程報名費用等等，也要瞭解需要學習多久，然後估算出總共需要多少錢。

這樣掌握大概的預算後，就再計算看看，一個月要存多少才能在希望的時間內報名游泳課。如果覺得很難存到課程的費用，那麼至少要將購買游泳課需要的物品當成儲蓄目標開始把錢存在撲滿裡。家長還可以提議說，為了存到那筆錢，爸爸媽媽會一起合作，媽媽會從一週喝三杯咖啡改為一週喝一杯，這樣就能存下兩杯咖啡的錢；爸爸會從一週吃兩次宵夜，改成一個月只吃一次，這樣就能存下七次宵夜的錢；再加上孩子一週原本吃三次的辣炒年糕，改為只吃一次，存下吃兩次的錢。

用這種方式存錢會讓孩子得到力量，也會產生想存錢的動力，因為孩子體會到不是只有自己在存錢，爸爸媽媽也像自己一樣忍住不做想做的事、不吃想吃的東西，為了自己的未來而投資（儲蓄）。一想到父母支持自己、共同為自己的未來努力，孩子當然就會被激勵而自動自發存錢，也能有效訓練全家人一起減少不必要的消費。

大家都這樣努力存錢後，一個月能存多少呢？如果只有孩子忍耐不吃想吃的辣炒年糕，一個月頂多就是八千韓元，但媽媽一起加入後，就多了四千韓元×二次×四週＝三萬二千韓元；如果爸爸也一起參與，就又多了二萬韓元×七次＝十四萬韓元。三個人的力量加起來，一個月能存十八萬韓元，六個月就能存到一百零八萬韓元這麼多。

孩子透過這個過程會實際感受到，就算是少少的錢，只要凝聚很多人的力量一起存，也會成為一筆可觀的錢；就算是少少的錢，只要長期維持儲蓄的習慣，再加上大家一起存，也能成為一大筆錢。用那筆錢實現自己的目標（學游泳）時，全身都會充滿達成目標的喜悅。只要體驗過一次這種儲蓄過程，就會以這經驗為基礎養成儲蓄的習慣，等到長大成人，也就具備能存更大筆錢的潛力，還會瞭解到全家人都支持自己的夢想並一起努力，這也有助於提升孩子的自信。

如果持續練習一起存一大筆錢，也能將它視為孩子未來的種子基金。方法都是一樣的。父母可以跟孩子討論，如何預備久遠的未來需要的錢。請讓他瞭解到滿二十歲開始獨立後，就會出現許多需要花大錢的事，比如創業資金、結婚費用、購屋費用、進修費用等。如果能從小持續存到三十歲，想必能存到一筆驚人的金額，這將會是孩子在人生重大時刻需要的種子基金。

所謂積沙成塔，沙子絕對不會僅止於一盤散沙。小東西要聚集起來才會變成大的東西。落實存錢方法的人能存到種子基金，也能投資自己的夢想。

培養「投資」習慣——陪孩子探索夢想，投資專屬他的夢想百貨

兼具設計感與多功能性的頂級嬰兒推車、強調培養國際觀的雙語幼稚園，高級汽車外型的電動車……父母的每份消費裡都包含著「期待」，希望自己的孩子能過著不用羨慕別人的生活。許多家庭在養育子女時都會感到不安，擔心父母給予的支持不夠，無法讓孩子過上更好的生活。無論家庭所得多少，只要是全力投資在照顧和教養孩子上的父母總會遇到界限，那就是，父母的教育投資無法保障孩子能考上知名大學。可是，如今的社會現實就是即使子女進入知名大學並進入大公司，父母還是不敢把即將面臨的老年生活寄望在孩子身上。

現在必須改變「投資子女的未來就是支付教育費和養育費」的觀念，也要更有智慧地調整家庭所得中的教育支出。請教導孩子如何投資自己的未來。在投資孩子的未來這方面，並不僅止於教育費，為了讓孩子瞭解自己的

專長、找尋夢想，而花時間跟孩子相處、深入對話、心靈交流，這一切的付出都包含在內。

如果想知道孩子擁有什麼夢想，就要從孩子關注的一切事物尋找線索。孩子會在成長過程中持續探索自己有興趣的部分。簡單來說，孩子的人生就是在完成一個偉大的計畫，探索某個主題並持續進步。請教導孩子，**讓他養成擁有夢想並探索未來的習慣**，這過程需要父母的引導，讓孩子能找出自己有興趣的部分來達成未來的夢想。

在韓國，國小課程中每個學期會安排四個小時的「創意和體驗活動」來體驗各行各業，大部分的學校會在每年十一月左右為四到六年級的小朋友舉辦就業博覽會。一些公家機關、企業或教育領域的機構，也會利用寒暑假或週末等時間，舉辦各種行業的參訪或體驗活動，這些都是提供孩子們探索自己夢想的機會。

請陪孩子更深入地探索最近感興趣的職業，並且找到能更瞭解那個職業的方法。如果孩子的興趣十分堅定就會很容易，孩子可以自行思考後寫下想跟爸媽一起去參觀的地方、想體驗的地方或是想買的東西。父母看完孩子寫的計畫之後，可能會提出更好的建議，並且在修改計畫時自然地對話。

如果孩子是第一次思考自己感興趣的職業，覺得很困難，爸媽可以提供事前私下找到並寫好的提案，但盡可能還是要讓孩子自主尋找夢想，自己計畫並自己構思內容。國小中年級是能回顧自己並嘗試些什麼的時期，在父母的眼中可能會不滿意，或是覺得很浪費時間，然而，孩子常常改變夢想，代表他感興趣的事情也隨時在改變。國小時期探索職業的目的，是在父母充滿信賴的注視下自由地探索夢想來獲得自我成就感，所以只要抱持關愛的心情在一旁支持就行了。

- **投資夢想範例：對汽車有興趣的小孩**

孩子：媽媽，我在 YouTube 上看到這次 A 公司新推出的車款介紹，媽媽妳過來看。（一起觀看後）我看完這個影片，想要瞭解更多這次新出的汽車，我想利用這個週末去 A 公司的博物館參觀看看，在那裡會有更仔細的介紹吧！

媽媽：A 公司的官網上有說，只要預約還可以試乘耶！媽媽來確認一下還能不能預約。你是對新車的哪個部分有興趣才想到現場去看？

孩子：設計很不賴！但我更想知道引擎長什麼樣子。

媽媽：那要不要在參觀前，先把你想問的和你想知道的都寫下來？既然要去，當然要一次把所有好奇的事情統統問清楚。

孩子：嗯，好啊！我會先在夢想計畫裡面寫出所有我想問的問題。

媽媽：我看報導說，今年A公司的營收表現很好耶！既然你對汽車很有興趣，要不要投資A公司的股票？你的夢想帳戶裡面已經存了很多錢啊！

孩子：A公司和B公司都很好，我還在比較，先讓我想一下。

・投資夢想範例：對藝人有興趣的小孩

孩子：爸爸，我跟你說，C團出新專輯了，這次的主打歌超好聽。C團是這次D娛樂公司推出的女團，我想去看她們，也想知道D娛樂公司是個什麼樣的地方？

爸爸：原來D公司在○○縣市啊！這週末有家族聚餐，下週爸爸有連假，我們那時候再一起去參觀，好不好？

孩子：好，我知道了。

爸爸：在那之前，你也跟爸爸說說D娛樂公司的消息嘛！

孩子：嘿嘿，這個我很有自信。這次新成立的女團當中，只有一個是韓國人，其他都是外國人，每個都很漂亮，又會唱歌又會跳舞。

爸爸：那應該是因為D娛樂公司瞄準國際市場，為了讓團員能跟外國人溝通，才有這麼多外國成員吧？這是為了在全世界獲得高人氣而採取的策略。

孩子：原來是這樣啊！C團這次的演唱會也可以在YouTube收看。雖然我沒有去現場，但光是看影片就覺得非常精采，很有臨場感。

爸爸：既然你這麼關注她們的表演，你要不要試著計劃看看，如果你是主辦歌手演唱會的經紀公司，你會以什麼概念設計演唱會？衣服和舞台要怎麼布置？或是假如你是娛樂公司的CEO，你想推出什麼樣的藝人？

孩子：好啊！光想就好興奮。

父母也許不是能幫助孩子達到財富自由的理財高手，父母也可能無法留下大筆資產給孩子繼承，但父母是在一旁協助孩子達到財富自由的助跑員。請跟他們一起探索夢想，成為一起朝著同方向前進的夢想經紀人。

培養「累積資產」習慣——教孩子擬訂計畫，打造能生下黃金蛋的鵝

為了達到財富自由，就需要累積「資產」。前面我們提到，孩子至少要嘗試過為了買什麼東西或為了什麼目的而儲蓄，比方說存錢買朋友的生日禮物、買電腦、買腳踏車等等，而這種型態的儲蓄是「以花錢為目的」，但接下來要談的儲蓄是「為了累積資產」。我們常說的讓錢滾錢，就是擬訂「打造會生黃金蛋的鵝」計畫。

以前有個故事是關於會生黃金蛋的鵝。一個窮農夫在農場裡養一隻鵝，某天這隻鵝生下了黃金蛋。他有點懷疑而仔細一看，結果發現那真的是純金做成的蛋。之後那隻鵝持續生下黃金蛋，農夫便把黃金蛋拿去市場賣而賺了很多錢。後來某天，農夫不願意再耕種，他以為只要剖開生下黃金蛋的鵝，就能得到更多的黃金蛋，農夫便殺了鵝，剖開牠的肚子，可是在鵝的肚子裡卻找不到任何黃金蛋。

累積資產的第一步就是從儲蓄開始，也就是不要花錢。有人可能會反問，如果不花錢，何必存錢呢？這是因為要有計畫的儲蓄才能存更多錢。只要想想生黃金蛋的鵝的故事就能理解，鵝意味著金錢，而存錢後能得到利息，因此黃金蛋指的就是儲蓄的利息或股利。

假設一千萬韓元能獲得百分之五的利息（股利），那麼一年就能得到五十萬韓元。這麼一來，每個月就是生出四萬韓元。也就是說，原本的本金一千萬韓元是完全不能碰的。一千萬韓元就等於是生下黃金蛋的鵝，所以必須要持續養，不能讓它死掉，才能持續生下黃金蛋。

不過，存錢的過程中，一定會遇到想買東西的時候。假設存了一百五十萬韓元之後，想用那筆錢買最新的筆電，但花掉的那一刻就等於是殺死了鵝。如果不想花掉那筆錢，就要繼續儲蓄、累積資產。這麼一來，過不久就能存到一大筆錢，光憑利息（股利）就能買到想看的書；只要不碰原本的本金，總有一天就能夠憑每個月得到的利息（股利）購買最新的筆電。

我的意思不是說，孩子必須把每個月拿到的零用錢或特殊時期收到的錢（如壓歲錢）全都存起來。如果是定期收到的零用錢，就依照用途分類使用，譬如可以選擇將最大的比重放在能累積資產的黃金鵝帳戶，一部分存入夢想帳戶，一部分存入消費帳戶作為日常使用。換句話說，要讓孩子自己決定儲蓄的優先順位。

該怎麼做才能做出最好的分類呢？這取決於孩子設定的目的是什麼。像過年時從爺爺奶奶、親戚長輩那得到的壓歲錢，可能為數不少，就可以按照用途分類儲蓄，能讓累積資產的速度加快，就算只將百分之十存入「會生黃金蛋的鵝」計畫內，只要持續存錢，二十年後孩子也能存到龐大的資產。反之，如果把存下的一大筆錢一次用掉，就沒有能生黃金蛋的鵝了。

能累積資產的黃金鵝計畫的最佳啟用時期就是從小開始。如果還沒開始，那麼最好能從現在開始。

培養「經濟對話」習慣
——媽媽，新聞說便利商店的御飯糰變貴了！

學生：老師，我看新聞說便利商店的御飯糰價格又漲了，而且泡麵和可樂也漲了。

老師：對啊，雞蛋的價格也漲了很多。錢的價值越來越低就麻煩了。

學生：錢的價值？錢也有價值嗎？

錢也有價值。錢的價值會隨著經濟狀況升值或貶值。以前一萬韓元可以買到十包一千韓元的零食，但最近幾乎沒有一千韓元的零食。幾年前，五萬韓元可以買到裝滿一整個購物車的糧食，也能吃上一個禮拜，但現在買一樣的東西，卻要花超過十萬韓元，令人非常無奈又失落。應該不是只有我這樣想吧？

同樣的錢能買到的物品數量減少，就可以說是錢的價值降低。物價上漲比物價下跌更常發生，這種物價持續攀升的現象稱為「通貨膨脹」。經濟學家說，這種通膨速度越來越快，便會形成惡性通貨膨脹。這時候各國政府會為了解決蕭條的經濟而投入更多錢到市場上，試圖要拯救經濟。

上面說明的通膨並不僅僅是一個經濟概念，這是我們所身處的社會現況。我們生活中所有的經驗都是經濟，孩子生活的社會、往後將面臨的社會也都跟經濟密不可分。已經成為大人的我們該怎麼幫助孩子更有智慧地應對即將面對的現實呢？

韓國國小老師玉孝珍因為想要教導學校的孩子們實際生活中真正需要的經濟知識，而在 YouTube 上開立一個名為「繳稅的孩子們」的頻道（세금 내는 아이들，www.youtube.com/@user-nw1cr3kr1f）。同為老師，我觀察他經營班級的方式，發現這位老師的設計是讓學生彼此討論後，自行決定該如何解決孩子們所面臨的問題並對其結果負責，藉此讓學生自然而然地瞭解經濟知識。

就像這位老師在班上反映現實狀況一般，這道理也可以運用在家庭裡，讓孩子練習自己找出解決當前問題的方法，並在下決定後對結果負責，而這個過程特別需要對話。跟家人密切相關的事，例如慶生、家族旅行、選擇補習班、養寵物等等，最好都能跟孩子討論後再決定。

比方說，孩子表示想去很多朋友讀的補習班。那麼就要思考，為什麼想上那間補習班？需要補多久（期間）？然後搭配孩子能理解的程度簡單說明目前家裡的財務狀況。可以試著跟他討論，爸爸媽媽可以投入多少預算，不夠的錢可以透過降低哪項費用來補足。當你算出一年的補習費時，孩子應該會很驚訝地發現竟然比他預期的還多，所以他起碼會重新深入思考一次。如果孩子純粹只是想跟朋友在一起而想補習，那麼孩子就會思考這筆費用值不值得投資。如果真的是因為課業需要而提出要求，那就要考慮有沒有其他的學習方法，或跟孩子協調只上一段時間，或是討論出其他方案。

爸爸的生日快到了，該怎麼慶祝呢？有很多該決定的事情：要什麼時候慶生？要吃什麼？要準備什麼禮物？每個人都要買禮物嗎？還是大家一起出錢買禮物？讓孩子也成為決策的一分子，一起參與討論，這正是此過程的重點所在。如果之前都是父母主導家裡的大小事，那麼現在就是個好機會，可以在詢問孩子的建議後，提出更好的方案給孩子選擇。

生活中還有其他方法能幫助孩子瞭解社會是以經濟原理運作的，比如說YouTube、電視新聞、廣播、懶人包新聞等等，能利用的媒體無窮無盡。以後孩子詢問你社會上的議題時，不要再說「你還小，不用知道那麼多」。

我每天在吃完晚餐清理桌面後就會去看電視新聞，就算只有短短的十分鐘也好。雖然白天也會看手機裡的新聞標題、瀏覽幾個重要的報導，但透過電視新聞畫面看看社會上發生的事件也很有趣。我很喜歡新聞，於是孩子們也開始會跟我一起看，只要時間一到就坐在我旁邊。切換到資料畫面時，孩子會指著螢幕開始問我：「媽媽，這是什麼？那是什麼？」為了滿足孩子的好奇，我就會一一回答，而令我意外的是，他很快就能理解。看到他拍打膝蓋說「哦～原來是這樣」，就覺得他很可愛。看到孩子開心，我也會開心地說明更多。

經濟思維不是一朝一夕就能培養出來的，是從對經濟感興趣的觀點開始，一點一滴累積經濟知識，然後以那知識為基礎建構出自己的標準。經濟對話能讓孩子開始對經濟產生興趣與好奇心，也能在與父母對話的過程中瞭解社會，而這些經驗將會在未來成為他龐大的資產。

培養「整理」習慣

——透過管理物品，能鍛鍊系統化的執行力

「整理好周遭環境，心裡就會得到平靜。」

——格雷琴．魯賓（習慣專家）

將周遭環境整理好的習慣，就是獲得財富自由的祕密武器。

將自己周遭環境整理得舒適得宜，就代表你能有系統地、有計畫地執行工作。整理的效果很驚人，它能幫助你鍛鍊按照事情優先順位來執行的能力，也會影響到時間管理、身心管理。

孩子親眼看到自己的物品歸位、自己的空間整理好、書桌上的東西放得整齊時會很自豪，也會有成就感。這種成就感源自於體驗到「小成功」。在家庭和學校養成的整理習慣，會在孩子長大後，在讀書、計畫未來、上班工作等層面帶來意想不到的幫助。

培養整理的習慣大致上分為兩個方面。

第一，整理物品的習慣。

孩子在幼稚園或托兒所時，都會學到要把自己的書包放好、鞋子擺好、睡完午覺起來後要把棉被摺好、或是把玩具歸還到玩具箱裡。國小學生從低年級開始就會學習拿著掃把，在放學前打掃自己的座位或教室。

孩子的房間也請交給他自己整理。整理的基本原則就是把物品歸位，清理不需要的東西。每樣東西都有它本來的位置，如果孩子覺得整理東西很困難，那麼請你仔細觀察孩子的生活，很有可能是因為他不知道物品該放在哪裡。只要一開始決定好物品的位置，孩子就會整理好。

如果孩子有太多衝動之下購買的東西、或是別人給的卻沒有在用的禮物，那麼請協助他處理掉。不能因為孩子想要就買不必要的東西給他，光是不買新東西、處理或丟掉不需要的物品，房間就會變得很容易整理。

第二，管理生活的習慣。

生活管理的核心在於不要散亂。以飲食來說，如果常吃對身體不好的食物，就表示這個人疏於管理生活。習慣買太多不需要的食物就是殘害身體健康的捷徑，身體健康一旦亮紅燈，終究心理健康狀態也會變差。

整頓好的生活也會延續到身心狀態。就算沒有穿著昂貴的衣服，俐落整齊的形象也會贏得班上同學的好感。一個人的正面形象會透過各種外在方式展現：剪得整齊的指甲、健康結實的身體、端正的體態、有自信且感情豐沛的語氣、在餐盤上適當且平均地夾各種菜色、為對方著想的心態、就算遇到難過的事也能立刻找回平靜的心理彈性等等。贏得對方的好感，等於是自我價值被別人認定。當我們看到對方對自己表現出友善反應時，就能確信自己是一個不錯的人。

世界上許多的知名富豪、企業家，生活雖然簡單卻非常有規則，他們會把周遭環境、生活大小事都整理好，讓任何事物都一目了然，幫助他們容易掌握金錢脈絡，他們花錢和省錢的思考方式也很單純。

雖說整理看起來只是個簡單的生活習慣，但涉及範圍卻是從物品到身心。養成好的整理習慣，也是為了獲得財富自由應該具備的基本習慣。

培養「健康」習慣——運用健走APP，助孩子保持強健體魄

體力就是國家競爭力，這是千古不變的真理。孩子國小畢業後，如果想要平安無事地跑完國中、高中這六年的長跑，最重要的當然就是體力。尤其如果不希望孩子到了高二、高三準備大學入學考試之前，還要浪費時間跑醫院，那麼父母就要在他們年紀還小的時候，幫助他們養成運動和保持正確姿勢的習慣。鍛鍊出的體力將會成為讀書體力的基本。更進一步來說，若想擁有幸福的人生，管理健康是不可或缺的。

對經濟條件不佳的家庭而言，保持健康也有助家裡的經濟。如果孩子常常得鼻炎或感冒，不僅需要花時間勤跑醫院，一年也會增加許多醫藥費。我在擔任高年級班導時，看過幾個孩子因為姿勢不端正而有脊椎側彎或椎間盤疾病。那些家長時常焦急地帶著喊腰痛的孩子到處整脊、看復健科，他們說不僅擔心孩子難以久坐或活動，還會擔心情況嚴重時家庭經濟無法負荷。

為了讓孩子能在十二年的漫長校園生活中發揮讀書實力、為了培養孩子強健的體魄、為了避免孩子常常生病，也為了增加跟孩子的對話時間，我推薦使用健走 APP 來增加運動時間。

只要在智慧型手機的應用程式商店搜尋，就能找到各種計步型的應用程式。我個人已經使用「Cash Walk」第三年了，它的設定是依據步數累積 **Cash**：一天走超過一萬步，就會得到一百個 **Cash**。而且我還購買了能跟 **Cash Walk** 連動的 **Cash Inbody** 體重計，每天用它量體重，就會以十天為單位收到一千、一千五或二千個 **Cash**。所謂聚沙成塔，我每個月都能累積可觀的 **Cash**，存起來之後還能換禮券。例如我曾換過咖啡券，享受了一段悠閒的咖啡時光；我也曾拿去換漢堡套餐；在保養品快用完的時候，我也把它換成保養品券。

不用花錢就能吃到想吃的東西，也能買東西。我覺得這類型的應用程式好處多多，讓我在生活中獲得小成就感，也培養能長久維持的健康習慣。

如果孩子有智慧型手機，可以建議他安裝一個健走 APP，然後每天晚上和他一起去散步。繞社區一圈的時候，可以聽他聊學校的生活、最近感興趣的事情。就算孩子很沉默，一句話都不說也沒關係，一起繞公園、繞學校操場，一起散步就很好，或是練習音樂跳繩也不錯。身上不帶信用卡或現金，只拿著手機逛超市、參觀投幣式洗衣機也很有趣。只要改變看待世界的角度，就會發現能跟孩子聊的內容無窮無盡。跟孩子一起開開心心、大汗淋漓地運動之後，就會發現早就超過一萬步了。

還可以帶孩子更深入思考看看，為什麼這種跟健康資訊連動的應用程式會給我們 Cash 或點數呢?原理是什麼呢?在這個大數據的時代，個資就是一種價值。一個人的健康紀錄本身就是數據，而公司在開發產品或行銷時會需要許多人的數據。只要把 Cash 或點數想成是提供資訊的報酬就行了。此外，應用程式必須要有很多人下載，才能說服更多廣告商投放廣告；應用程式的使用者越多，廣告收益也才會增加。所以為了吸引更多人使用，才會提供 Cash 或點數。

培養「休閒」習慣——善用高CP值的休閒活動，創造美好體驗

各位在週末時會煩惱要帶孩子們去哪裡嗎？在入口網站上搜尋「親子遊樂推薦」，就會出現很多地方在向我們招手，遊樂園、主題公園、奢華露營等等，好看、好玩的地方琳瑯滿目，但基本上一家四口一趟來回的開銷就要超過十萬韓元。而如果趁暑假或寒假去玩，就會碰到旅遊旺季，知名景點的飯店、度假中心全都客滿，甚至兩天一夜的住宿費用已經超過孩子一個月的補習費。我曾經真的很煩惱要不要乾脆眼一閉、牙一咬就買下去了。

但是，並不是非得花大錢才能有好的體驗。如果花了錢卻得不到相當的滿足感，反而會很掃興。我有了孩子後清楚地知道，孩子們對於小時候去過哪裡、吃過什麼統統不記得。對孩子而言，幸福的瞬間只會像電影《腦筋急轉彎》其中一幕那樣，以一個「特別的回憶」的形式保留下來。我不希望他們只是因為沒辦法像其他家庭那樣享受高級旅遊而覺得遺憾。我認為，與其

跟孩子一起「消費」，更該重視的是跟孩子一起「擁有」美好的體驗。

在我住家的附近區域就有非常多提供遊樂的場所，超乎我的想像。以下介紹幾種不用大錢也能與孩子一起玩樂，創造美好體驗的地方。大家也可以試著多認識、挖掘自家附近的休閒去處。

・利用圖書館

請拋下「圖書館就是只能看書的地方」這種成見，現在的圖書館內附有各種設施或有趣的活動。像是咖啡廳，裡面的咖啡或許還比連鎖咖啡店的咖啡更便宜，而且好喝，還可以盡情看書架上的書，就算待很久也不用在意別人的眼光；另外，只要預約就能去數位閱覽室免費看電影，電影有新片也有舊片，種類多元；有些還設有兒童閱讀室，並有唸故事書給小朋友聽的時間。父母可以跟孩子一起列出所在地區的圖書館清單，然後像找尋美食店家那樣一一踩點，探索各個圖書館的特色，這樣應該很有趣吧？

・利用當地藝文機構

每個地區都設有當地的文化基金會，負責規畫、籌辦當地的文化藝術、終生教育等領域，並經營文化藝術會館、終生學習學院、生活文化中心等等，讓所有居民都能享受文化藝術並且持續學習。

在文化藝術會館或文化中心等地可以看到各種類型的表演，包含戲劇、音樂劇、古典樂、國樂、爵士樂等等，也有為兒童準備的文化藝術教育講座。孩子有機會以便宜的價格學到平常感興趣的美術、樂器或運動等等。另外，也提供想從事文化活動的個人、同好會練習與辦發表會的空間，或居民交流空間、咖啡圖書館、表演場地等等，進而形成地區的文化共同體。

以我居住的地區為例，生活文化中心還舉辦過藝術市集。藝術市集提供一個空間讓當地的藝術家能展示多樣化的作品給居民觀賞，藉此與居民之間產生連結。這裡也變成一個休息空間，任何人都能在這裡自在地待著，炎熱的夏天還能到這裡避暑，看本想看的書。

除此之外，還有「健康家庭、多元文化家庭支援中心」，為了預防家庭危機或分離，這裡會進行家庭教育、父母教育和子女養育教育等相關活動，來培養家庭成員的凝聚力、增加歸屬感。這裡有為不同類型的家庭量身打造的活動：在檢視養育子女態度、進行子女溝通教育的同時，可以跟家人一起製作露營料理；可以與年幼子女一起製作餅乾屋；還有為在多元文化家庭中成長的孩子指導未來方向等。

我是個很貪心的媽媽，想讓孩子擁有各種體驗，在這些機構的網站上隨時都可以察看並報名符合子女年齡的活動。多虧有這些機構，我免費體驗到許多孩子喜歡的活動，包含料理（做蛋糕、做糰子年糕）、種植家庭菜園、製作肥皂、宅在家玩的遊戲等等。請試著進入這些官網瞭解看看吧。

・利用生態公園

你發現過居住地附近有打造得很漂亮的生態公園嗎？請試著在入口網站上搜尋，找出離自家最近的公園去那裡散步，或是看看有沒有值得參加的活動。在我造訪過的生態公園中，有三個地方特別喜歡，是非常適合帶孩子同樂的好去處。

草幕谷生態公園（京畿道軍浦市）是保留了修理山地區的環境與朝鮮時代歷史遺產等文化遺產的生態文化空間。草幕谷生態公園跟修理山道立公園和山躑躅公園相連，在春天和秋天特別容易看到一群群家庭準備餐點來這裡野餐。在這裡能讓孩子透過五感感受四季的生態，特別適合嬰幼兒到國小的小孩。生態文化中心也有特別活動，例如：地區工藝童玩、地區觀察素描、週末森林體驗學校等等。

始興河溝生態公園（京畿道始興市）是京畿道內唯一看得到內灣泥灘與舊時鹽田風情的生態公園，為國家濕地保護區域。每年這裡都會舉辦始興河溝慶典，也能報名鹽田體驗活動。

文岩生態公園（忠清北道清州市）裡有一個營區緊鄰著清州無心川。只需要支付相當便宜的價格就能在這裡露營。很適合安排全家人兩天一夜的旅行，寫下美好回憶。

培養「正向思考」習慣
——教孩子以正面肯定的態度開啟每一天

我們班上的孩子每天早上到教室整理完自己的座位後，就會開始寫早晨文章。我們將它命名為「完美泉」，就像每天早上都喝泉水一樣，每天都要訂一個主題寫下一到三句短文來開啟一整天完美的想法。「完美」這個美麗詞彙有相當飽滿且實在的含義。

孩子們每天早上都藉由這個時間來培養思考能力。有些孩子會寫當天早上的心情，有些孩子會寫來學校的感受，也有些孩子會自信滿滿地寫下當天的決心。不過，有個孩子今天的表情格外黯淡，他說再怎麼樣都想不到可以寫的內容，於是我建議他每天寫這一句看看。

每天我的每個部分都在逐漸變好。

這個孩子就當作是被我騙了寫下這句話，隔天他連問都沒問就直接寫，就這樣持續一個學期。上學期最後一天的結業典禮結束後，他告訴我，多虧每天寫那句話，他覺得自己變成更好的人。孩子這樣的心態令我非常自豪。

三百六十五天都以正面、肯定的言語迎接早晨的人，跟沒有這麼做的人，一年後會有什麼不同呢？人很容易接受跟自己理念相合的資訊，如果總是帶著篤定的正向想法，應該就能看到更多好的資訊和可能性，並讓那些事情發生在自己身上吧？我就曾經體驗過受惠於正向言語的事，當我在學英文時，我將每天學到的正向言語寫在筆記本上。我相信自己的可能性並下定決心，結果我發現自己正一步步朝向計畫中的夢想邁進。其中一件事就是以我的名字出版書籍，就像今天這樣。

孩子未來的每一天怎麼可能都一路順遂呢？我們會有所期待，正證明了人生很難一路順遂。孩子往後將面對各種人生挑戰，必須做好一次要跨過好幾個階梯的心理準備。孩子不僅會在父母與大人的信任之下成長，他也要懂得珍惜並相信自己才能成長。

人怎麼思考就會怎麼說話，怎麼說話就會怎麼生活。想法樂觀的人常常說「沒關係」、「我做得到」、「一切都會變好的」，就算失敗或跌倒了，只要他相信自己，就依然能培養出心理彈性，安慰自己並重新站起來，對於跟自己一樣陷入困難的人也能發揮同理心，並且幫助別人站起來。這就是栽培領導能力與合作能力的養分。

請看看你的身邊，擁有正面態度的人，跟他共事的夥伴特別多，就算都是做同樣的事，大家也會感受到他的魅力而被吸引。在負責的事情上全力以赴、真誠、且以正面態度看待所有事情的人，好像散發出一種莫名的堅毅光芒。班級也是一樣，生活態度正面的孩子就算外貌沒有特別出眾，或沒有什麼卓越的能力，依然有很多人想認識他，分組活動時也想跟他一起。

言語有威力。說話的那一刻就會引導人實際做出那樣的行為。開了口之後，想法會啟動，行為也會成真。正面、肯定的態度會伴隨著具體的目標與實踐力。當孩子相信「我的未來會很順利」，並以這樣的心態描繪未來時，他也會逐漸懂得執行更具體的計劃。

我的未來一定會很光明。從現在起，我要為了未來投資時間和金錢。就算是小錢，我也要一塊一塊地存。

我們家雖然經濟不寬裕，但我不會放棄，我要為了我的夢想努力看看。

我想成為受人尊敬的人，守護家人和我心愛的人。

培養「捐助」習慣——體驗「分享一個就能得到十個」的魔法

創設全球最大軟體公司「微軟」的世界首富比爾・蓋茲，與當時的妻子梅琳達・蓋茲成立了「比爾及梅琳達・蓋茲基金會」，此慈善基金會規模為五百億美金，以私人慈善基金會來說，這是全球最大的規模，非常驚人。不僅規模龐大，從肺結核議題、愛滋病議題到橫掃全世界的新冠病毒等傳染病問題，這基金會在解決人類當前的各種問題上都提供一臂之力，可以說是全世界慈善事業的領頭羊。

來看看韓國的情況，Kakao互聯網公司的創辦人金範洙在傳給員工的訊息中聲明，往後將會捐出自己一半以上的財產來解決社會問題。

引導社會的領導者們，因為認為自己的成功並非憑一己之力量，所以懂得分享。他們捐出自己一部分的收益來創造更好的社會的這種美德，以及懂得向更多人伸出援手的這份心意，得到眾人的掌聲。

捐助並非特定人士才能做的事，每個人都可以做。請跟孩子一起體驗「分享一個就能得到十個」。

親身體驗過的事物，身體會牢牢記住。從小就體驗過捐贈的孩子，在成為社會的一分子之後，也有很高的機率會持續分享。除了物品或金錢，還有很多東西能分享，請跟孩子聊聊看，如果孩子持續將心意散播出去、將自己微小的能力分享出去，這個社會將會如孩子所期盼的變得更溫暖。

我曾經在教四年級社會課時銜接到道德課。我帶孩子們一起瞭解慈善機構的含義，以及我們附近有哪些慈善機構。那時有個孩子報告主題是「美麗商店」，大家都專心聽這位同學的經驗分享。

他說，某天偶然間跟媽媽一起進入美麗商店，用很便宜的價格買了春天的外套；第二次跟媽媽一起去的時候，不是為了買東西，而是要分享東西。他提到，透過那次經驗才知道美麗商店專門蒐集乾淨沒有瑕疵卻不再使用的物品。我問他捐贈時心情如何，他說非常滿足，因為自己不需要的東西可能是別人需要的，所以如果這種活動越來越多，應該也能改善環境。班上的學生聽完他的報告後，就開始好奇社區裡的美麗商店在哪裡。

有許多地方都像美麗商店這樣，除了募集物資之外，還會舉辦捐贈、志工服務等各種活動，努力促成一個分享和循環的社會。讓資源回收再利用後，就減少不必要的垃圾，相當環保。

要不要找個機會跟孩子一起整理出可以捐贈的物品呢？一年換季時會整理兩次，很容易就能清出三箱的物品。可以先訂下一週的整理時間，然後把一個箱子放在玄關，鼓勵全家人一起參與，接下來如果大家各自拿出沒有在使用的玩具、文具、衣服等就更好了。請讓全家人一起參與把箱子搬到物資募集團體的過程。童年時期親身經歷而領悟的體驗絕對不會忘記。就算沒有特別對孩子說什麼，孩子也一定能學到分享、幫助與關懷的價值。

正如前面提到的，我也配合這目的讓孩子建立捐贈帳戶（存錢筒）。捐贈有分定期捐贈和一次捐贈。定期捐贈是在固定日期捐贈固定金額，通常會捐給特定對象，一對一地傳送信件或照片，持續保持聯繫。

透過定期捐贈定期支持是最好的。但對於經濟狀況不穩定的家庭來說，可能很難辦到，那麼就比較適合一次捐贈。一次捐贈是指將一定期間內存下的錢一次捐贈。可以選在某一個有意義的日子捐出去，比方說，孩子的生日、聖誕節或是對全家人來說很特別的日子，然後命名為「分享日」。像這樣將捐贈當成一種家庭活動，營造出「分享的文化」是不是很好呢？

培養「關懷」習慣——讓孩子知道這世界是大家共同擁有的

國小老師除了要帶領班級、指導學生生活、教導課業之外，還要負責校務活動。我曾經在一個學校連續三年帶領學生自治會。學生自治會的目的是收集學生的意見，成為學生的代表，為了讓所有學生在學校都過得幸福，會以民主的方式制定生活公約並營造出這樣的文化。

在跟孩子們一起經營學生自治會時，我仔細地思考過該教他們什麼才能幫助孩子們實踐民主，於是我決定要以一件事為中心價值來帶領，那就是「關心他人」。人無法憑一己之力生存在世界上，為了能跟大家一起生活，也要學會關懷別人才行。雖然現在覺得很不方便，但應該要為了彼此、為了未來而付出關懷。

我跟學生自治會的孩子們一起舉辦各種活動來培養關懷的美德，其中一個就是配合環保月推動環保運動，標題是「減少浪費（less waste）」，子標題是「如果無法消除，就從減少開始做起！」其實要讓生活中的垃圾完全歸零真的很困難，所以我們一起計畫出盡可能減少垃圾的環保推廣運動。

我們舉辦「回收分類挑戰比賽」，以遊戲的形式讓學生們瞭解正確的回收方法，也參加地區內「健康家庭、多元文化家庭支援中心」主辦的義賣活動，體驗到節約資源、回收再利用。由於這活動脫離學校的空間，跟地區公家機構合作舉辦，對身為老師的我而言，也是非常有意義的。

在準備回收分類挑戰比賽時，我們也檢視學校和家庭回收分類做得好不好，這過程中我們聊到幾個共同的感受：在垃圾當中，塑膠類製品真的很多，而能回收的塑膠種類有限，所以被歸類為可回收的塑膠其實很少；寶特瓶如果不是透明的就無法回收；塑膠容器要完全拆除表面的其他材料、包裝紙和膠帶，才能再次使用，否則也只能被當成垃圾。

事實上，環境和經濟密不可分。靠販賣商品賺取利潤的公司，目標是用最小的投資獲取最大的利潤，不過，如果依然以過去固有的方式販賣商品就無法保護環境，所以許多公司也正改變生產方式，以對環境友善的方式來生產。好比說，開始製造出包裝紙容易拆除、容易分類的商品；開始導入填充（refill）的方式，消費者只要帶洗衣精、洗髮精、保養品等的容器去補充，店家就只收取填充量的費用；網路商店也將配送箱裡的緩衝物替換成紙類製品，膠帶也改為能完全分解的紙膠帶，像這樣的情況持續增加中。

以企業的角度來說，公司必須獲利才能維持營運，而選擇環保材質與物品勢必會增加成本，導致現階段的利益受損，不過市場趨勢正在改變，消費者更偏好重視環境的企業與產品。長期來看，企業也要理解這樣的消費趨勢，創造出為環境著想的商品。這不僅僅是關心環境，也能在遏止不必要的資源浪費的同時，獲得促進「善的循環」的經濟成果。如果期望孩子長大後成為領導者或企業家，那麼培育出關懷環境的視角也是現今必須的美德。

Part 4

內建孩子理財力，從生活打造小小巴菲特的特質

注重「一致性」——不固定的零用錢為什麼不利於孩子？

我的大學同學是個育兒高手，她家裡明明就有小孩子，屋內卻像湖水一樣平靜，跟彷彿隨時就要開戰的我家相比真的差太多了。有次我跟她聊著養育子女的話題，討論好一陣子後，嬰兒開始哭了，那時嬰兒才剛滿一百天，但她堅持要保持固定的時間間隔餵奶。她將孩子平常喝的量都記在筆記本裡，所以能看出喝奶量增加或減少。嬰兒的哭聲不絕於耳，但等到滿四個小時的時候，她才緩緩地起身去準備餵奶。

嬰兒一咬到奶瓶就用力吸著，喝完大量的牛奶後，像要丟掉似的立刻放下奶瓶，令我意外的是，嬰兒看起來很幸福很滿足。多虧了媽媽維持一致性，孩子一次能喝的奶量逐漸增加，熟睡的時間也增加，這就是維持固定間隔餵奶模式的好處。爸媽一致的行為會帶給孩子安定感，獲得安定感的孩子，長大後比較不會耍賴，懂得跟父母溝通。

如果爸媽昨天才跟孩子說「錢能省則省」，今天卻說「想買的就買、想吃的就吃吧！」孩子就會感到混亂。透過育兒高手的案例可以知道，孩子不會改變哭鬧的原則，而父母沒有及時安撫不代表就是冷酷無情，是因為已經清楚觀察孩子平常喝奶的模式，決定好餵奶的分量和次數。一致的餵奶模式能讓孩子在安定的狀態下成長。

同理，請各位家長仔細觀察自家孩子的狀況並評估家裡的經濟狀況後，遵循「一致性原則」給予孩子零用錢，如此能有效讓孩子養成健康的用錢習慣。如果父母對孩子總是有求必應，只要孩子不開心或哭鬧，就無可奈何地回應，那麼還期待孩子養成正確的金錢觀，未免太貪心了。

許多父母都會好奇孩子進入國小中年級之後，應該要給多少零用錢。其實重點不該只是放在「給多少」，還要考慮其他部分。

①零用錢的金額是考慮孩子的使用狀況後決定的嗎？（還是按照父母的意思決定的？）

②給零用錢的「一致性」有多高呢？（是否因為孩子哭鬧就常常改變次數或期間呢？）

每個孩子的狀況都不一樣，孩子平常是把零用錢花在哪裡呢？應該要先瞭解孩子花掉的金額大概是多少，以及真正需要的花費是多少。

．購買文具

一般來說，學校在第一個學期初就會準備一整年的教育課程計畫，並按照學期別、學年別、學生人數事先採購課程所需的學習用品。像美術課或自然課這類需要器具的課程，學校都會把學生上課要用的物品充分準備好。因此，現在幾乎沒有那種必須由學生購買器具並帶來學校的狀況。

班導師通常會在週五公布下週課表，然後會在應備物品那一欄寫上學生需要帶來學校的東西，所以家長只要看這一欄去準備就行了。以導師的立場來說，在寫「應備物品」時真的思考很多，我會盡量備好學生上課要用的東西，只把一定要由學生自備的物品寫在上面，所以如果孩子要求零用錢時說是要買上課用的東西，請至少要反問一次，確認是不是真的需要。

此外，孩子如果平常已經養成整理書包、整理書桌的好習慣，就不太會弄丟物品，如此便能省下重買的心力和費用。

・買零食

有很多孩子會在放學後到學校對面或家裡附近的便利商店、小吃店買零食或點心。每個家庭狀況不一樣，所以無法統一決定多少錢最適當，但如果孩子把八成以上的零用錢都用來買零食，那麼就需要調整了。

・捐錢

我會讓孩子特地挪出一部分的零用錢存起來，這樣就能在年末或特定的日子捐給環保團體、公民團體、宗教團體或流浪犬保護團體等等。

・緊急預備零用錢

大人會為了預備婚喪喜慶或意外情況而事先將錢存入緊急預備帳戶；同樣地，小孩也需要存預備金來應付未來的緊急情況。

・打造黃金鵝

在第三章曾提到，為了投資需要將一部分零用錢存起來，這是為了增加資產，不是為了消費。

父母應該跟孩子一起檢視整個月的消費明細，討論是否需要增加或減少零用錢。如果看完孩子的消費明細，覺得目前一個月的零用錢還夠用，那麼就可以維持相同金額。至於在重要的活動前夕（朋友生日、與朋友吃飯），可以調高下個月的零用錢。當孩子要求調整金額時，父母請跟孩子討論修改零用錢的計畫。

如果孩子每次一拿到零用錢就立刻用完，後來要買朋友禮物時，發現錢不夠而哭著跟你要，那麼要不要建議他有計畫地管理零用錢呢？請告訴他，如果事先知道會有特別的開銷，就要減少既有的花費、有計畫地存錢，也要引導他讓他能自己擬定計畫。如果孩子每次多要錢時，父母的標準都不一樣，有時候給、有時候不給，孩子就很難學到「擬訂計畫後要徹底執行」。

請讓孩子學會如何靈活地使用零用錢，就像變形金剛一樣。若小孩懂得像玩黏土那樣，有時將錢配合狀況和目的分成好幾塊，有時按照需要組成一大塊，那麼等他長大成人也會懂得管理大筆資產，他會懂得因應危機有計畫地事先預備金錢，會懂得按照目的分配資產，也會管理並守住大筆資產。管理一致的零用錢的能力，是孩子獲得財富自由的核心能力。

注重「獨立性」——運用跑腿機會讓孩子培養自主與獨立

孩子的生活是屬於孩子的。孩子的人生要依照他自己的想法和意志來活，父母只不過是打造環境，幫助他培養將來能獨立生活的力量。引導他養成好習慣也屬於打造環境的一環。如果有什麼好習慣可以讓孩子成為聰明的大人，那就要趁孩子還小的時候養成。尤其國小時期是形成生活習慣和價值觀的重要時期，很多孩子在低年級時，每件事都需要父母照顧才能適應，不過到了中年級，不需要父母的幫助也能做到很多事情。

為了培養自主和獨立，我建議讓孩子獨自跑腿。跑腿在培養孩子獨立方面會有什麼效果呢？為了能執行任務，孩子需要正確表達自己的意思讓對方知道。為了要正確表達出想表達的內容，需要用清楚且宏亮的聲音說出來，也要能好好整理自己的想法說出完整的句子。在跑腿的時候，如果發生意料之外的事情，孩子就要自己發揮判斷力來解決，假設媽媽叫小孩買美乃滋，小孩在超市遍尋不著美乃滋，就要自己決定是要找店員幫忙或是打電話問媽媽，還是要去其他間店。

當孩子成功做到被交付的任務時，他的心情如何呢？因為是在沒有大人的幫助下做到的事情，所以會有成就感。買完東西後回家的腳步變得很輕盈，當然可能是因為期待父母大力稱讚，但也是因為自己充滿了自信。孩子能透過這個經驗培養自我尊重感、熱情與責任感。

不過，父母在叫孩子跑腿前必須知道幾件事：要先確定孩子是否有能力完成，以及是否孩子做錯了也沒關係。

孩子要常常體驗到「在自己能力範圍內完成被交付的事情」的小成功，才能培養自主和獨立。因此，請逐步提高任務的難易度，不要一次吩咐很多，而是一次增加一項，慢慢累積經驗。孩子如果一次被要求做太多事，可能會搞錯或慌張，這樣就會產生恐懼或負面的情緒。如果孩子較內向、害怕講話，可以試著將交代的事情仔細地寫在紙條上，降低孩子的不安感。

還有一個有趣的做法是利用超商的型錄，讓孩子練習跑腿，我曾在班上進行過類似的活動。講得偉大一點，是為了讓孩子練習經濟獨立，以及練習為環境著想的消費行為，我設定的主題是「如果你有五萬韓元的預算，你想在超市買什麼？」孩子們非常投入，就像是實際拿到錢一樣，他們翻開超市的型錄，仔細探索各種商品。即使是同樣類型的商品，不同公司製造的也不一樣，除此之外還有很多他們喜歡的零食，所以非常難選擇。

每個人挑選物品的標準會隨著每個人的經濟價值判斷而不同。我仔細觀察孩子們的購物品項，發現每個購物車都有個自的特色。面對各式各樣的起士，有的孩子購買的標準是價格是否合理，有的孩子是考慮家人喜歡的口味來挑選；有的孩子覺得煙燻五花肉很貴，便選擇煙燻鴨肉；有的孩子考量到健康，完全不買碳酸飲料。至於平常相當關心環境議題的孩子，則會很認真地煩惱香蕉和酪梨是否一定要裝在塑膠袋裡賣。雖然他們都不是實際跑腿，卻以經濟的角度思考選購物品的原因和根據，因此就多成長了一些。

如果孩子已經很熟練獨自跑腿，建議提升難度。假如以前是告訴他特定商品的名稱和預算，那麼這次只決定物品種類，讓他自己挑選商品。孩子在這過程中，會培養出綜合性地考量價格、容量、效能等的判斷力。當孩子買回來之後，也要聽聽看孩子為什麼會選擇那項商品，孩子一定有他的原因和根據，這也可以視為一種有意義的經濟對話。

注重「自信感」——即使是短短一句讚美也能發揮重大威力

稱讚的威力相當驚人。我在瞭解稱讚的威力後，稱讚孩子時變得更加真心。不過，稱讚也需要技術，許多父母在稱讚孩子的同時依然搖著頭。

這些父母因為擔心孩子變得自大，因此稱讚時會顯得面有難色。通常只是說一聲「你好棒」、「你做得很好」。

如果平常你也有這種困擾，那麼要不要嘗試下列方法呢？

・針對過程稱讚

稱讚的時候，要說出具體狀況才會有效，如果都是說「你好棒」、「你做得很好」，這種稱讚就不會引起孩子太大的興趣，因為這是對任何人都會說的話，所以孩子不會放在心上。要將稱讚的重點放在孩子具體的行動和努力上才會有效。

〈稱讚範例〉

這禮拜你忍耐兩次不吃點心，把零用錢存起來，真的做得很好。

你現在已經會自己擬定零用錢計畫，真的長大了！

我知道你為了買朋友的生日禮物而把錢省下來，如果你朋友知道這件事會有多感動啊？

原來你現在整理東西是打算要拿去捐啊！你連小錢也想要捐出去，真的很有愛心耶！

看到你每天努力運動培養強健的體魄，我真的以你為榮。

我知道你在事情不如意的時候還是想要繼續挑戰，我相信你可以的。

我知道你平常都很努力，你有努力就夠了。

這首歌很難，但你還是一直練習，都沒有想過要放棄，你朝向夢想邁出一大步了耶！

你拜託別人幫忙，也去其他間店做過各種嘗試，就算你最後沒有買到，你也已經做到我交代的事了，這樣就夠了！

如果想要針對過程具體地稱讚，就要仔細觀察孩子平常的言行。真實不誇大的稱讚會在孩子心中留下很大的感動，孩子被稱讚後會有更強烈的動力，希望下次做得更好。

・用各種說法來稱讚

有時候簡潔有力的一句話比長篇大論更有效。簡短的感嘆詞或表情也能傳遞出真心。如果再加上幽默感就是錦上添花了。

〈稱讚範例〉

你真的很誠實耶！

你怎麼想得到？好有創意喔！太驚人了！

哇～！（豎起大拇指）

你是最厲害的跑腿隊長!!

・以行為來稱讚

你只是口頭上稱讚嗎？如果你真心稱讚後，孩子卻面無表情，那就請以行為來表現你的心意。如果你們平常不太有肢體接觸，那麼肢體接觸就是強而有力的稱讚方式。

請試著透過非語言的方式來稱讚他，用力把他抱緊抱到好像骨頭快要斷掉那樣、在他耳邊悄悄地說「你真的做得很好」、兩隻手豎起大拇指用力擺動、小小聲地說「剛剛抱了你，但我想再多抱你一下」然後抱住他、親親他的臉頰、彼此臉頰碰臉頰互蹭等等。做出很花俏的行為也可以，雖然孩子會因為害羞而假裝若無其事，但其實內心已經感受到父母滿溢的愛。

就算是面對正值青春期的子女，也不要吝惜肢體動作，可以做出擊掌、拍背、摸頭等較不肉麻的肢體接觸。

稱讚是一種鼓勵，會激勵孩子成長，這些言語能幫助他在行走人生這漫長旅程時不會疲倦。請在孩子成長的期間付出關心並陪伴他，雖然人家說父母和孩子心靈相通，但如果父母沒有任何表示，孩子就不會知道，請告訴孩子你有多愛他、多麼替他加油。

今天也請稱讚孩子吧！孩子聽到父母的稱讚時會建立「原來我現在做得很好啊！」的想法，得到更多的自信感。

注重「好奇心」——練習思考「為什麼這間店客人這麼多？」

我們在學生時期會拿到父母給的零用錢，打工的時候是跟老闆拿錢，開始上班之後是領公司的薪水。拿到錢之後，我們是不是都只習慣想著要買什麼、該存下多少，而這些都是以「消費者」的觀點來思考。

你是否曾經看著知名餐廳的排隊人龍想過，「為什麼客人這麼多？」

食物美味

環境漂亮

服務親切

很會宣傳

店面乾淨

價錢合理

當我們評價一間店或一項商品時會考量各方面，那麼評價的標準是什麼？就是消費者的立場。也就是說，大多數的時候我們都是在消費，所以習慣以「消費者」的視角來觀察。我想在這裡提出轉換觀點的建議，要不要以「生產者」的視角來觀察這個世界呢？

生產商品然後賺取利潤，這就是生產者每天在做的事。這裡的商品包含物品、食物、作品與服務，我們每天都使用著各式各樣的商品並享受服務。如果之前都是以消費者的心態來使用商品與服務，那麼現在需要練習以生產者的心態來看待這些。

你問我為什麼嗎？因為將來孩子可能會成為開發、生產、販售商品與服務的創業者或老闆。一旦開始以生產者的觀點來看世界，就會看到機會、想出好點子，也會出現新的方法。對於預備將來要創業的人來說，這個世界充滿了許多值得學習的東西，到處都有令人好奇的事物。

假如你跟孩子一起進入連鎖餐廳，請以生產者的觀點，而非消費者的觀點觀察：店家是怎麼設計招牌來吸引人注意，菜單怎麼設計，廣告看板是放哪裡來宣傳新產品，食物的份量有多少，以及菜色怎麼擺盤等等。還可以跟孩子交換意見，如果我是這間連鎖餐廳的老闆會希望改善什麼部分。

請留心聽聽店員在提供服務時會說什麼話，思考店家播放什麼類型的音樂，這音樂會帶給客人什麼影響，也回想你是否曾經看過這間餐廳的廣告，網路上是怎麼宣傳的，在廣告文案上強調了什麼重點。

生產者是創造價值來賺錢，而價值就在於商品與服務。想體驗成功的人會購買成功人士的故事傳記等書籍，想隨時隨地欣賞有趣影片的人會訂閱 YouTube 或 Netflix 等內容平台。

藉由轉換視角的機會能檢視平常沒有思考過的部分，擴大自己的思考範圍，也能因此更理解這個世界，擁有不同的夢想。在現在的世界裡，內容就是威力、能力，請幫助孩子發現自己的潛能、達成夢想，引導他以充滿好奇心的視角來看待這個世界。

對世界的好奇心會發展成對現在的自己的好奇心。

我能透過什麼創造出專屬於我的價值呢？

我擅長什麼、該怎麼呈現呢？

什麼是我現在就能做到的事情呢？

當我要販售發揮我的優勢的商品時，哪些地方吸引人、哪些地方不足？

請幫助孩子能以生產者的視角觀察自己、發現自己的價值，進而挑戰。

注重「責任感」——孩子才是紅包的主人，請交給他自己管理

上班族除了期待每個月的發薪日之外，還會引頸期盼發年終和獎金的日子。連大人都這樣了，孩子們會有多期待在過年時領到紅包呢？在這裡，針對紅包錢我想提出兩個問題。

首先，**父母是怎麼管理孩子的紅包錢**？請從以下的選項中挑出一個跟平常說的話最相似的類型。

①浩俊，最近生活費的開銷多了很多，媽媽可以拿你的紅包來用嗎？以後你需要錢的話，媽媽會再給你錢。

②浩俊，這次的紅包媽媽幫你存到銀行。

③浩俊，這次你拿到十萬韓元的紅包耶！你想用這筆錢做什麼？

④浩俊，你看看這次拿到多少錢，這筆錢要怎麼用比較好呢？

拿到紅包的是孩子，所以他才是紅包的主人，也就是說，這是「孩子的紅包」。因為孩子是紅包的主人，所以需要從小培養以主人的身分管理紅包的能力。請檢視看看你跟孩子的對話是屬於上述四種選項中的哪一種。你應該已經猜到了，選項④才是最能栽培孩子自主管理零用錢能力的對話方式。

請讓孩子自己觀察收到的紅包大概有多少錢，如果他定期領零用錢，那麼一眼就能比較出這筆錢比平常的零用錢多多少。如果他持續接受管理零用錢訓練，就會瞭解金錢的價值而珍惜。請讓他自己決定要用那筆錢做什麼，他可能會買一直想買的玩具，也可能會大膽地買最新款的腳踏車。

如果孩子已經養成經濟思維、建立良好的金錢觀，就不會把這筆比平常多很多的金錢立刻拿去花，而是能描繪更大的藍圖，為了更大的目標而忍住當下的消費慾望。假設他桌上擺滿了大量的積木，那麼就可以建議他進一步購買積木公司的股票來賺股利。我們試著利用選項④的類型對話看看。

媽媽：浩俊，你看看這次拿到多少紅包錢。

浩俊：媽媽，這次拿到很多錢耶！（開始數錢）一萬元、兩萬元……

　　哇！有十萬元耶！太好了吧？

媽媽：你想怎麼使用這筆錢呢？

浩俊：我想買新出的積木，幾個月前看到廣告的第一眼就想要買了。

媽媽：可是你的桌上已經放滿了，好像沒有地方可以再放耶……看你是要把原本的積木拿去賣，還是用紅包錢創造出更多錢呢？

浩俊：我只有這些錢，該怎麼創造出更多錢呢？

媽媽：你可以買製造你喜歡的積木的公司股票啊！很多小朋友就像你一樣很喜歡積木，那間公司賣積木賺了很多錢。如果買積木公司的股票，他們就會用你的錢生產積木來賣，你的紅包是你的本金，而公司會給你股利做為回報。這樣你就不只是擁有一個積木，而是擁有積木公司，要不要試試看？

【浩俊的選擇①】積木公司會拿我的紅包錢去賺更多錢再給我囉！那這次我不要只是擁有積木，要擁有積木公司！

【浩俊的選擇②】不要！這次新積木我已經等很久了，我一定要買。

孩子可能會依據媽媽的建議選擇①或②，也可能會有其他的選擇。無論結果為何，請不要只看他的行為就妄下判斷。媽媽可以針對紅包錢提出新的建議，當孩子聽到新的建議後，就算只是稍微考慮也是一種經濟思維。

還有一個部分值得探討，孩子收到紅包後會有什麼樣的反應？

①搞不清楚放哪裡，玩一玩就弄丟了。
②說「媽媽拿去」，然後交給媽媽。
③珍藏在自己的祕密基地（？）。

琳達・卡夫林・波波夫（Linda Kavelin Popov）是Virtue Projects的創辦人，推動她獨創開發的美德與人性教育，她說在三百多項普遍的美德中，「責任感」能驅使人將被交付的事做到完美，進而得到他人的信賴。

孩子身上有哪種責任感呢？發紅包的大人在發紅包時，是期待孩子能把這筆錢好好用在需要的地方，而孩子要一天花完，還是要存起來，都是孩子的選擇。當錢交到孩子手中的那一刻起，孩子就是那筆錢的主人。

金錢的主人要懂得如何花錢，也要懂得如何保管錢。孩子拿到紅包錢後思考怎麼運用的過程，其實是一種財務管理的訓練。某一年立刻花完紅包錢的孩子，到了某一年可能會全部存起來，然後在某一年花掉一部分、存一部分。只要信賴孩子的判斷就行了。不過，父母需要適時地稍微提點孩子，技巧性地讓他知道幾個方向，這樣孩子才能更加成長。

注重「同理心」——父母理解孩子，會增強他的自我信賴感

一個班級有許多名學生，如果想要有效率地教導他們，導師該怎麼做呢？如果希望學生把老師的話聽進去，那麼老師就要先認真聽學生講話，想做到這點必須先建立信賴與同理心。

親子關係也是一樣。父母要讀懂孩子的心，首先要做的就是同理孩子的心情。如果理解彼此的心情，孩子的行為就會改變。請理解孩子的情緒，並加以認定。我知道要做到真的很難，但請先忍住想說的話，去傾聽孩子的想法。在跟孩子對話時，如果能對他說的每句話做出反應，帶著「我完全可以理解你」的心態，很多事情就會改變。

假設孩子在家裡已經有好幾個玩具，但這次又買了。這種情況下父母很容易跟孩子說什麼呢？

父母：真的受不了你耶！又買了這些沒有意義的玩具？不要再買了！

孩子：媽媽，這個顏色不一樣，而且款式也不一樣。

父母：下次你再買一個試試看，下個月就沒有零用錢了！

父母無法同理隱藏在孩子行為中的心情，縱使孩子說明了他的理由也無濟於事。當孩子的需求不被父母諒解時，下次很有可能就會偷偷地買。父母要不要換個方式說說看？

父母：為什麼你想要買這個？（聽聽孩子的回答）喔～所以才買的啊！

孩子：嗯，對啊！不過我買了之後有點後悔了。

父母：爸爸媽媽希望你下次花零用錢之前能先規劃清楚。

孩子：好，我知道了。

父母理解孩子的心意後，孩子也會勇於承認自己的心情（也許他們知道其實不買也沒關係卻還是買了）。孩子在跟父母對話時，想到他們理解自己的心意，表情就會變得明亮，也會下定決心告訴自己以後要做出更好的選擇。孩子會自己學到應對方法，以免重蹈覆轍。

當孩子跟父母吵著說零用錢不夠用時，父母第一個反應往往都是責罵：

「你怎麼每天都在抱怨錢不夠？」孩子其實很不喜歡聽到「每天」，只是因為下週跟朋友有約，想到既然要出門玩就要一起去吃好吃的，所以心情有點浮躁罷了。孩子在氣頭上就會回嘴：「媽媽每天都說沒錢，我們家就這麼窮嗎？」孩子因為心情無法被理解，情緒變得激動，衝動之下就說出了不該說的話。類似這樣的情況也曾在你家上演嗎？究竟該怎麼對話，才能避免情緒化言論呢？

父母：看來你非常需要零用錢，就是不夠用了才開口的吧！你希望零用錢變多，對吧？說實在的，爸爸媽媽也希望我們的手頭寬裕些，不用計較小錢，但我們不是那種可以花錢如流水的有錢人。跟我們的慾望相比，錢總是不夠用，所以才要再三考慮再花錢。

孩子：我知道，但是我下週跟朋友有約。

父母：原來是這樣，如果你先說清楚，我們就會跟你一起思考該不該調整這個月的零用錢預算，爸爸媽媽也希望跟你討論後再決定。

如果親子之間建立起相互理解的橋樑，對話起來就會更容易，父母不會想要單方面決定跟孩子有關的任何決定，而是希望能交換想法、理解彼此的心情，找出最好的選擇。

孩子跟父母說出自己的心情後，也會增加對自己的信心與信賴。

「現在我要買這個嗎？還是不要買，吃家裡的零食就好？」

「這個月要不要省一點，存更多零用錢？但現在我存的錢已經可以買新的遊戲卡了，要買嗎？」

孩子面對每件事情都需要做出大大小小的決定。對自己有信心的孩子會栽培自己，讓自己有能力做出聰明的決定。我們成為大人後都很清楚，很多事情並不是因為做得好而學會，往往都是在錯誤中學習的。害怕出錯和失敗的小孩會連挑戰都不願意挑戰。所以請再三提醒孩子，出錯和失敗並非丟臉的事，就算出錯或失敗了，也要不斷練習，直到能順利解決為止。

注重「勇氣」——引導孩子把自己的物品拿去二手市場交易

我們總是有想買些什麼的慾望。小孩也跟大人一樣，看到喜歡的東西就會想買，有時則會收到贈品或是別人送的生日禮物之類的。無論孩子喜不喜歡，東西就是會這樣不斷地增加。有些東西原本以為很需要，卻意外地發現根本沒在用，有些衣服是因為長大而穿不下，有些東西則是原本已經有但別人又送，所以就有兩個了，要不要把這些東西賣給需要的人呢？

可以跟孩子一起去交易二手物品的跳蚤市場、義賣會參觀，這是能體驗親自販售物品的好機會。如果受時間和地點的限制，也可以利用網路上的二手物品交易平台。

現代人跟以前不一樣，對於別人用過的物品的偏見少了許多，反而認為二手商品交易是理性消費、能買到自己喜歡的東西。許多人對於二手商品交易的評價相當正面，以購買者的立場來看，能以新品三折至七折的價格買到喜歡或需要的商品；以販售者的立場來看，用手機拍照、附上說明文字後上傳至平台，立刻就能展開交易，出售非常方便。由於能輕鬆處理自己不需要的東西，所以相當吸引人。

要不要讓孩子整理出不需要的東西，試著體驗利用二手商品交易平台販售呢？二手商品的基本交易方法如下：

①拍攝想販售的物品照片，決定價格後，連同產品描述一起上傳。
②如果有人想購買，就跟對方討論價格。
③決定價格後，再決定要見面交給對方，還是透過物流公司宅配。
④若選擇物流公司宅配，就要決定由誰負擔運費。
⑤若選擇當面交易，就要決定見面的日期和時間。
⑥若選擇宅配就要在寄出後通知對方。

如果持續以這種方式出售物品，原本被占據的空間便能空出來，也能獲得賺錢的經驗。之前如果都是由父母負責整理、清理孩子的物品，現在要不要試著跟孩子一起做做看呢？在這過程中請引導孩子思考下述問題。

・以後還會需要這個東西嗎？

以孩子的立場來說可能會覺得很多東西他都還需要，而無法果斷放棄。請讓他在好好考慮身高、能力、興趣等狀況後自己決定。如果還沒準備好要送走東西，就不要勉強他賣掉。

・如果拿去賣，想賣多少錢？

請讓孩子訂出適當的價格，考量物品狀態是否乾淨、有沒有毀損的部分、零件有沒有脫落等等，像特優、優等、甲等那樣依照品質調整價格；也可以在二手商品交易平台搜尋類似的物品，參考目前市價大概是多少。

・如果想買的人要求降價，該怎麼調整？

請跟孩子討論價格是否有協商空間。即使可能會因為這樣的決定而損失利益，還是能因此學到交易時價格要有彈性，這就是協商。在這個社會中，需要依據不同的意見調整，在這過程中也會感受到樂趣。

・要怎麼拍照才能提供有用的資訊給想買的人呢？

商品資訊當然是越多越好，以想買的人的立場來說，拍到商品完整模樣的照片、看得見型號的照片、放大細節的照片等等，在購買時會有很大的幫助。可以跟孩子討論怎麼拍出消費者想看到的照片。物品介紹寫得越仔細越好，甚至可以寫出自己跟物品的回憶，也是一種宣傳策略。

▪ 如果想安全地販售二手商品，該注意什麼？

根據韓國警察廳的資料，二〇二〇年二手商品交易詐欺通報量達到十二萬三千一百六十八件，是歷年來最大的規模。就算二手交易能成為好的經驗，最重要的還是要在安全範圍內進行。建議面交時有父母陪同，或是在有監視錄影器的地方；時間盡量選白天，不要選晚上；選擇人潮多的地方，不要選在偏僻的地點。最好不要先收錢，而是在雙方見面確認物品後再收錢。

▪ 該怎麼做才能達成一個好的交易？

如果已經在約定好的時間和地點等待，對方卻沒有來或是等了很久，就會令人不悅。因此，好的交易必須建立在基本的禮貌和同理心之上，也就是要守約。透過這個經驗也會學到信用的重要性。

注重「感謝心」——感謝的習慣會帶來意料外的經濟利益

你知道一隻手能數出的五個韓文字組成的美麗言語有哪些嗎？答案就藏在「五個字的美麗言語」（作詞者：鄭守恩（音譯））的童謠裡。

我愛你사랑합니다、謝謝你고맙습니다、你好안녕하세요

你很美아름다워요、我會努力（在心中承諾）노력할게요

要不要跟孩子一起養成每天針對小事表達感謝的習慣呢？幾天前我跟孩子一起去買餃子，餃子店老闆稱讚孩子的眼睛很漂亮，孩子立刻以宏亮的聲音回答「謝謝！」，老闆又稱讚說真有禮貌，然後多送我們一顆餃子。

感謝的習慣擁有很強的威力，能讓其他看到的人做出正面的行為，甚至還會因此得到意料之外的幸運。

孩子們身處的這個世界難道是憑空出現的嗎？為了讓孩子瞭解到這個世

界是因為有許多人付出努力、犧牲與汗水才形成的，請在生活中讓他養成說「謝謝」的習慣來表達謝意。

經常抱怨自己沒什麼錢、抱怨自己條件很差的人，很少遇到什麼好事，但很神奇的是，懂得感謝自己得到的一切的人，好事總是接二連三地發生。我將這種因感謝的習慣而帶來的經濟利益取名為「3Q禮」，「禮」是指除了原本的價值之外多得到的東西，「3Q禮（thank you+禮）」是我感謝我所擁有的一切，也是指當我表達那份感謝時自動伴隨而來的經濟利益。

我在上道德課的時候，會教導孩子們感謝的態度，並說明3Q禮的意義，以下分享幾個孩子們的經驗。

勝在：我上課用的筆記本剛好寫到最後一頁，結果老師送我小點心。光是寫完一本筆記本就很得意了，竟然還收到點心。

雅琳：我在學校種了小番茄的苗，現在番茄已經長得很大，我摘了幾顆熟透的番茄來吃，味道超棒的。因為是我親自種下的，帶給我很大的喜悅。以後不用去超市買，想吃的蔬菜都可以自己種，真的讓我非常滿意。

敏雨：我跟哥哥一起去騎腳踏車，不僅有運動效果，也有益身體健康，一舉兩得。我在三年級之前還常常感冒，得要一直跑醫院，但是開始騎腳踏車後，身體變得很健康，不用常常看醫生，連醫藥費都省下來了。

世雅：我常去吃一間麵店，有次跟老闆大聲打招呼，老闆說我做得很好就免費送我吃一條魚板。喝到熱呼呼的魚板湯就已經很棒了，老闆竟然還送我魚板，我的心情超好的。

注重「溝通習慣」——與孩子一起挖掘生活中的經濟話題

每年的三月和九月，韓國的學校都會舉辦親師座談會。我認為這段時間就像是比賽中的暫停時間，老師能與家長齊心合意地為了孩子的成長，針對孩子的生活習慣、學校態度與交友關係交換意見、互相幫助。

四年級的家長一想到孩子即將邁入高年級，難免會擔心孩子課業是否落後、上課有沒有專心、學習態度好不好、哪個科目較差、跟同學相處有沒有問題等等。不過，我認為更重要的是「親子之間是否能充分溝通」。

溝通的主題有很多，每天的心情、分享日常生活、未來的計畫等等，不過父母是否也會以「錢」為主題跟孩子溝通呢？我想問家長，是否會跟孩子談到關於金錢、關於經濟的事呢？

有些人平常一提到錢就面有難色、不太自在，或對錢有著負面的印象。為什麼會這樣呢？因為看到大人因為錢的問題而吵架，也看到有些人因為沒錢而過得很糟糕；在電視媒體上也看過有些人用不正當的方式賺錢，或是貪得無厭，為了賺錢不擇手段。在這樣的潛移默化之下，「錢是不好的」這觀念深深植入我們的腦海中，跟孩子提到錢的時候就會不自在。

「談錢很俗氣。」

「我們家就是這種情況，我怎麼有資格叫孩子要好好存錢呢？」

「有這種生活就該感謝了吧！要賺到那麼多錢是很難的、不可能啦！」

他們會以這些說法敷衍過去，限制自己的想法，無論是有意還是無心，這種態度也會影響到孩子，結果子女也就照樣繼承父母的想法。

某個機構曾經詢問一些有錢人對於「金錢」的意義和感受，他們是這樣回答的：

感恩的心、奇特的感覺、生活風格的呈現、自由、優雅、趣味、在我的人生中僅次於人的重要物品、可以隨心所欲地過生活的特權、機會、變化與緊張、安定、能遇見有趣的人、能以多種方式付出、生產力、享受、創造出真正的差異、不需要被特定工作限制、能成為對某人來說很重要的人……

透過這些回答能總結出一個簡單的結論：成功的有錢人是以正面的角度看待金錢的。任何人都會承認在這個世界上經濟是很重要的，任何人都無法不受到經濟的影響。要瞭解跟經濟相關的事物，才能瞭解該怎麼守護自己擁有的東西，以及該怎麼讓自己擁有的東西增加。如果你一直以來都對金錢抱持負面的態度，那麼至少孩子不該這樣，所以才需要談論經濟。有什麼方法能幫助我們跟孩子建立經常談論經濟的習慣呢？

・和孩子一起看財經新聞

你知道有些財經報紙是為兒童設計的嗎？在韓國有《兒童財經報》（www.econoi.com），還有《信天翁未來人才報》、《兒童東亞》、《兒童朝鮮日報》等等，這些為兒童量身訂做的報紙也有財經報導。可以訂閱紙本報紙，也可以訂閱網站發行的電子報。

在各種新聞分類中，請先從孩子有興趣的主題開始閱讀，並且協助孩子理解報導內容，讓他能投入其中。一開始可能會不熟悉新聞用語，或是誤會內容，但重點是讓孩子感受到「透過財經新聞瞭解這個社會」的樂趣。建議一點一點增加可以一起談論的內容。

・在生活中挖掘可以溝通的經濟話題

去看電影時你有發現過電影院的某個角落設有電動機台、扭蛋機或自動販賣機嗎？為什麼電影院裡會有電動機台呢？那些自動販賣機又是賣什麼呢？可以跟孩子一起觀察大家喜歡哪種電動遊戲，討論看看哪台機器的營業額最好；還可以建議：考量到老人家或年紀大的觀影者而設置投幣式的按摩椅；也可以提出修改意見：最近已經很少使用銅板或現金，所以設置刷卡或電子支付服務應該會更好。

當你和孩子排隊等電梯要去餐廳時，可以仔細觀察樓層指南，分布在一樓到四樓的商店有什麼特性；說說看為什麼保養品店家主要都在一樓，也說說看在一樓的商店有哪些優點。

經常談論經濟話題的目的並不是幫孩子抓魚，而是教他釣魚的方法。習慣談論經濟的小孩會逐漸瞭解該怎麼賺錢、該怎麼保管錢、該怎麼賺到更多錢。這是個能培養生活在這世界時需要的眼光和智慧的好方法。

注重「毅力」——每天存一個銅板會發生什麼事？

為了創造出一大筆錢，有件事比賺很多錢更重要，那就是「節約」。許多白手起家的富翁們異口同聲地說，為了成為有錢人，要趁早、趁年輕的時候開始規劃。時間是高價的寶石，如果時間再加上精誠會得到什麼呢？

假設從十一歲開始每天存五百韓元，那麼一年就是三百六十五天×五百韓元＝十八萬二千五百韓元。如果從十一歲存到宣告獨立的二十歲，也就是經過十年就會是一百八十二萬五千韓元。要是再加上複利利息，就是更大一筆金錢。

不過，我們都很清楚，雖然原理簡單，但要堅持在十年中持續存錢並不容易。有毅力地做一件事並不容易，就算那是非常不起眼、很瑣碎的小事，十年當中一天不漏地反覆做同一件事需要很驚人的耐力。

在跟孩子一起培養毅力這方面，有什麼可以做的事呢？

・熟悉超市的商品售價

孩子看到喜歡的零食、水果後，會先看標價再買嗎？孩子喜歡的蘋果現在是多少錢呢？請跟孩子一起瞭解他喜歡的食品的價格，然後每次去超市的時候都觀察價格的變化，例如孩子喜歡的香蕉一串是四千韓元，到了夏天變成三千五百韓元，後來到了秋天就漲到四千五百韓元。也可以讓孩子比較不同超市裡同一種商品的價格，看看哪間店最便宜。

	A超市	B超市	C超市（網路商城）
蝦味先	1020 韓元	1200 韓元	780 韓元

習慣不看價格就買的孩子，長大後可能會陷入過度消費或是被卡債纏身的情況。如果孩子事先知道常買的商品的價格，就算突然經過超市，也有依據可以判斷價格是否便宜。若他判斷後覺得很便宜而購買，就表示他擁有能判斷合理價格的標準。

・小錢不亂花

雖然現在已經很少見了，但以前學校大門口前的文具店都會有扭蛋機，只要投入一百、兩百韓元的銅板，就會隨機出現驚喜玩具。有些機台是迷你彈跳球，有些孩子原本只是覺得好玩就投入一個銅板，但開始玩之後就會因為喜歡的形狀遲遲沒有出現而生氣，然後一直投銅板直到喜歡的球出現。他的期待可能會落空，明明投了十個銅板，卻沒有一個是自己喜歡的，這可說是因為小看百元銅板而損失大錢。如果小孩現在覺得一百韓元沒什麼價值而隨便花掉，難道長大後就能妥善管理大錢嗎？孩子需要養成一點一滴存錢的習慣，連零錢都不該亂花。

・短距離就用走的

人對於方便的事很容易習慣，無論是大人還是小孩都會出於本能地尋找讓自己身體舒服的方法。明明距離很近，但已經習慣每天都要搭車上學的小孩，跟每天走路上學的小孩相比，兩者六年的學校生活會有多不一樣呢？

走路不僅能培養體力，也能保護脊椎和骨盆，有效降低體脂。短距離也要坐車的這幾分鐘如果重複六年，代價就是助長環境汙染，也等於是浪費石油。所以距離很短時，我們一起跟孩子養成走路的習慣吧！

・即使是很小的約定也一定要遵守

像卡費、會費等在指定的日期支付約定的金額是很重要的，刷卡支付的錢全都是未來要償還的債務。如果平常就徹底守約，就能累積信用，這樣在需要融資時也能得到幫助。比方說，臨時需要錢的時候就可以貸款，相關細節已經在第二章仔細地探討了。

讓孩子養成守約的習慣，並不僅限於跟朋友或父母的約定，其他像是在作業繳交期限前完成、不遲到、遵守交通規則等等，都是守約的表現。守約的生活態度並不是一朝一夕養成的，信用是從關係開始的。我們與所有人一起生活在這世界上，所以再怎麼強調「要遵守跟別人的約定、不違背承諾」都不為過。

注重「餘裕」——為什麼在「回憶帳戶」裡也需要有餘額？

「若沒有時間思考，也沒有時間成功。」

——比爾．蓋茲（微軟創辦人）

你知道除了維持工作與生活的平衡（work-life balance）外，還有一個延伸的概念是「讀書與生活的平衡（study-life balance）」嗎？大人工作之餘需要休息，小孩也是一樣，在生活中好好休息真的很重要。

現在很多孩子放學後都是搭補習班的專車去上英文課，英文課結束後再到鋼琴補習班學鋼琴，行程相當緊湊，拖著疲憊的身軀到家後再吃個晚餐、看個電視、寫寫作業，通常要超過十二點才能睡覺。孩子沒有時間跟父母對話，長期下來就像沒有被主人照顧的花盆一樣疲弱無力。

孩子因為無法好好休息，所以總是很疲憊。很多孩子連在學校的下課時間也無法休息，也有的孩子從來沒有好好休息過，不知道該怎麼紓壓，也不知道該怎麼表達心中的鬱悶，內心相當煎熬。看到這些孩子難以承擔、憂鬱又有氣無力的樣子，我非常難過。

我想表達的是，就算父母努力地想要提供完善的教育，孩子也拚命地去學習，但有時候還是需要休息。孩子和父母的速度與狀態都需要被檢視。「要去～」、「要得到～」、「要有～」、「要做到～」，從小事到重要的事都有許多的「要」，孩子是否已經在「要」的大海中載浮載沉呢？是否專注在許多的「要」的過程中，而正失去重要的東西呢？

努力生活很好，全力以赴的生活很有意義，努力存錢後聰明地投資，早日累積資產也很重要，但我們必須警戒，在朝著「要」奔馳的過程中，是否你自己、孩子或寶貴的家人已經落後了。

「對我的小孩來說現在最重要的是什麼？我人生中最重要的是什麼？」希望你能詢問自己這些問題，得到答案後找到其中的平衡。

先問問自己：「對孩子進行經濟教育的本質是什麼呢？」如果在經濟教育當中有太多「要」，就沒有空間能愛孩子了。

孩子現在還沒有具備正確的金錢觀，所以很容易亂花錢，孩子還需要更多時間學習，但如果板著一張臉責罵他「你以後不可以像今天這樣花錢」，難道孩子會感受到「爸爸媽媽是因為愛我才教我關於金錢的事」嗎？孩子很容易只記得「我被罵了，好難過喔！」的情緒。

如果為了累積資產而過度借貸，難道在那過程中家庭的經濟狀況和關係會穩定嗎？內心的不安其實會在家人間的對話中突顯出來，如果彼此變得敏感、尖銳，不管孩子再怎麼遲鈍都會察覺到的。孩子感受到父母出現異樣的情緒時會感到不安，要是這樣的期間拉長，孩子可能會變得憂鬱。

孩子需要時間跟父母對話、跟朋友玩耍、去尋找想做的事、或是發呆。如果父母和家人的氛圍非常不安，孩子的內心就沒有可以喘息的空間。家庭必須是讓家人們情緒休息的空間，這樣不僅能解除心理的疲勞，還能解除身體的疲勞，也能克服從外部而來的壓力。

因創辦微軟而獲得極大成功的比爾・蓋茲，他一年會給自己兩次「思考週」讓自己休息，他說在這兩週的時間裡會住在別墅，獨自一人讀書和思考，沒有任何電子通訊設備。這段期間他通常就是在閱讀，在書中得到的洞察力會幫助他帶領公司。

父母也要有時間發呆、空想、休息。雖然在孩子的帳戶裡多存一塊錢很重要，但如果只是一直看著目標、拚命加速，到後來就不是在理財，是被錢追著跑的生活。請稍微停下來，用寶貴的瞬間填滿回憶的帳戶。

你是為了什麼而對孩子做經濟教育呢？不就是家人的幸福嗎？經濟教育是為了達成幸福的生活，並不是目的。若是要朝著未來的幸福奔馳，那麼現在的生活也要幸福才行。請不要覺得可以用今天欠下幸福的債來投資未來，現在的幸福就是孩子成長的養分，孩子正以此持續成長著。

請記住，經濟教育僅是用來檢視子女與家人生活的方向，並讓基礎變得更穩固的過程，這不是全部或目標。現階段的孩子會把父母視為人生的全部，所以今天也要與孩子維持健全的關係，才能期待經濟教育的成果與幸福的未來。

台灣廣廈 國際出版集團
Taiwan Mansion International Group

國家圖書館出版品預行編目（CIP）資料

富小孩的經濟先修課：掌握6-12歲黃金期！三階段財商教育×致富習慣養成，教孩子正確用錢，建構影響一生的理財思維 / 金聖火著. -- 初版. -- 新北市：台灣廣廈, 2023.03
面； 公分
ISBN 978-986-130-572-1（平裝）
1.CST: 親職教育 2.CST: 經濟學 3.CST: 個人理財 4.CST: 通俗作品

528.2　　112000383

台灣廣廈

富小孩的經濟先修課

掌握6-12歲黃金期！三階段財商教育×致富習慣養成，教孩子正確用錢，建構影響一生的理財思維

作　　者／金聖火
譯　　者／葛瑞絲
編輯中心編輯長／張秀環・**編輯**／許秀妃
封面設計／何偉凱・**內頁設計**／張家綺・**內頁排版**／菩薩蠻
製版・印刷・裝訂／東豪・弼聖・紘億・秉成

行企研發中心總監／陳冠蒨
媒體公關組／陳柔彣
綜合業務組／何欣穎
線上學習中心總監／陳冠蒨
產品企製組／顏佑婷

發 行 人／江媛珍
法律顧問／第一國際法律事務所 余淑杏律師・北辰著作權事務所 蕭雄淋律師
出　　版／台灣廣廈
發　　行／台灣廣廈有聲圖書有限公司
地址：新北市235中和區中山路二段359巷7號2樓
電話：（886）2-2225-5777・傳真：（886）2-2225-8052

代理印務・全球總經銷／知遠文化事業有限公司
地址：新北市222深坑區北深路三段155巷25號5樓
電話：（886）2-2664-8800・傳真：（886）2-2664-8801
郵政劃撥／劃撥帳號：18836722
劃撥戶名：知遠文化事業有限公司（※單次購書金額未達1000元，請另付70元郵資。）

■出版日期：2023年03月
ISBN：978-986-130-572-1